염려 아웃!
WORRIES OUT

가스펠북스

들어가는 말

코로나19 시대를 지나고 있는 여러분께

코로나19 팬데믹(Pandemic) 상황이 장기화되면서 삶의 환경이나 패턴이 코로나 이전과는 완전히 달라진 사회에서 우리가 살고 있습니다. 많은 학자들이 이제는 코로나19 이전으로 돌아갈 수 없다고 진단을 합니다. 그래서 지금의 변화가 잠깐 지나가는 것이 아니라 이후의 삶에도 계속 영향을 미치는 하나의 '새로운 표준(New Normal)'이 되고 있습니다.

특히 이러한 뉴 노멀 시대의 가장 큰 변화는 사람 간의 접촉을 최소화하는 '디지털 언택트(Untact)'라고 할 수 있습니다. 디지털 문화는 가속화되고 확장되지만, 사람 간의 접촉이 최소화된다는 것은 분명히 이전과는 다른 환경 속에서 우리가 신앙생활을 해야 한다는 것을 보여줍니다. 당장 사회적 거리두기로 인해 온라인 예배를 드리게 되고, 온라인을 통해 대면하고 외부활동을 이어가는 온택트(Ontact)의 새로운 환경 속에 처한 것입니다.

하지만 이러한 새로운 환경 속에서도 우리가 놓치지 말아야 할 것이 '홀택트(Holtact, Holy+Contact)'입니다. 온라인 비대면 상황이든 오프라인 대면 상황이든 우리는 어떤 상황 속에서도 하나님과 24시 소통하는 삶을 살아야 한다는 것입니다.

이번에 발간한 『염려 아웃!』은 이러한 시대적 상황 속에서 어떻게 하면 하나님의 인도를 받고 축복을 누리는 삶을 살 수 있는지 그 영적 비밀이 담겨 있습니다. 책 제목처럼 모든 염려로부터 완전 자유함을 누리는 삶을 살며 '오직 그리스도, 오직 하나님의 나라, 오직 성령 충만'의 영적 플랫폼 위에 믿음의 비상을 하는 시간표가 되기를 기대합니다.

2020년 9월

예원교회 丁 恩 柱 擔任牧師

염려 아웃!
WORRIES OUT

I 하나님께서 인도하시는 삶

믿음의 시작은 염려의 끝이요,
염려의 시작은 믿음의 끝이다.

-조지 뮬러 목사

1

이유 있는 고난

¹어떤 병자가 있으니 이는 마리아와 그 자매 마르다의 마을 베다니에 사는 나사로라 ²이 마리아는 향유를 주께 붓고 머리털로 주의 발을 닦던 자요 병든 나사로는 그의 오라버니더라 ³이에 그 누이들이 예수께 사람을 보내어 이르되 주여 보시옵소서 사랑하시는 자가 병들었나이다 하니 ⁴예수께서 들으시고 이르시되 이 병은 죽을 병이 아니라 하나님의 영광을 위함이요 하나님의 아들이 이로 말미암아 영광을 받게 하려 함이라 하시더라

요한복음 11:1~4

10

고난에 대한 영적 해석

고난이라는 말을 좋아하는 사람은 없습니다. 고난은 괴로움과 어려움을 이르는 말입니다. 인생은 어떻게 보면 고난의 연속이라고 할 수 있습니다. 여러 가지 개인적인 고난과 역경도 있으며, 국가적인 고난과 위기도 있습니다. 특히 우리나라는 지정학적으로 북쪽의 대륙 세력과 남쪽의 해양 세력이 자주 충돌하는 지역입니다. 대륙 세력이 흥할 때는 한반도를 통해 해양 세력을 공격하고, 반대로 해양 세력이 강해지면 한반도를 통해 대륙 세력을 향해 쳐들어갔습니다. 그 가운데 놓여있는 우리나라가 비록 고난의 역사를 가지고 있지만, 지금까지 존재한다는 것만 보아도 하나님의 놀라운 섭리와 특별한 계획이 담겨 있음을 알 수 있습니다.

지금도 남북으로 분단된 현실이지만, 이것이 우리에게 영적으로 깨어있게 하는 통로가 되었습니다. 전쟁의 위기 속에서도 한국교회는 하나님 앞에서 부르짖었고 다른 나라들과 비교할 수 없을 만큼 놀라운 성장을 이루었습니다. 하나님께서 우리나라를 이 시대의 제사장 나라로 쓰시기 위해서 준비시키신 것입니다. 이제는 한국교회가 서론적인 것에 매여 있을 것이 아니라 237개국을 살리는 도전을 시작해야 합니다. 하나님께서 촛대를 옮기시기 전에 주어진 기회를 잡고 나아가야 합니다.

 제가 이 말씀을 드리는 것은 모든 문제와 사건 그리고 고난과 역경을 하나님의 관점에서 해석하는 지혜가 필요하기 때문입니다. 이번 챕터의 제목처럼 모든 고난에는 이유가 있습니다. 인생을 살면서 고난을 바라보는 영적인 눈이 열려 있느냐 그렇지 못하느냐에 따라 그 삶의 모습은 천양지차로 달라지게 되어있습니다. 고난에 대한 영적인 해석을 하지 못하면 나타나는 것이 원망과 불평입니다. 낙심과 좌절 가운데 그 삶은 비참해질 수밖에 없습니다. 그러나 영의 눈이 열린 사람은 하나님의 계획을 바라보고 원망과 불평이 아니라 기쁨과 감사로 바꿀 수 있습니다. 앞의 성경 말씀을 통해 예수님께서 이 사실을 우리에게 보여주고 계십니다.

 이번에 살펴볼 요한복음 11장의 말씀은 요한복음에 기록된 대표적인 7가지 표적 중에서 마지막 표적으로 나와 있고, 예수님이 누구신지에 대한 7가지 정체성 가운데 하나로 기록돼 있습니다. 그것은 죽은 나사로를 다시 살리는 표적이었고 이 표적을 통해 예수님은 부활과 생명의 주인이심을 선포하셨습니다. 그런데 앞의 성경 말씀에 나오는 나사로 가족은 이런 하나님의 놀라운 계획을 전혀 눈치 채지 못하고 눈앞에 나타난 현실 때문에 원망과 불평, 낙심과 좌절하는 모습을 보였습니다. 예수님께서는 이런 나사로 가족에게 모든 고난에는 이유가 있고 그 이유를 발견해서 하나님의 놀라운 뜻을 이루는 삶 속으로 들어가야 한다고 강조하셨습니다. 이 말씀을 통해 여러분이 자신 앞에 닥쳐있는 여러 가지 고난과 역경을 영적으로 해석하고, 모든 것을 합력하여 선을 이루시는 하나님의 놀라운 섭리를 체험하시길 주님의 이름으로 축원합니다.

하나님의 영광을 위한 고난

어떤 병자가 있으니 이는 마리아와 그 자매 마르다의 마을 베다니에 사는 나사로라 이 마리아는 향유를 주께 붓고 머리털로 주의 발을 닦던 자요 병든 나사로는 그의 오라버니더라 이에 그 누이들이 예수께 사람을 보내어 이르되 주여 보시옵소서 사랑하시는 자가 병들었나이다 하니 _요한복음 11:1~3

예수님께서는 예루살렘 성전에 올라가실 때마다 예루살렘으로부터 3km 정도 떨어져 있는 베다니 지역의 나사로의 집에 들러서 안식을 취하셨습니다. 이를 보면 나사로 가정에 대해서는 특별한 사랑을 가지고 계셨던 것을 알 수 있습니다.

그런데 이 가정에 문제가 생겼습니다. 집안에서 가장 역할을 하던 나사로가 병에 걸려 죽게 생겼습니다. 그래서 나사로의 누이들인 마르다와 마리아가 예수님께 사람을 보내어 이 소식을 알렸습니다. 이들은 예수님께서 이 소식을 듣자마자 당장 달려와서 나사로의 병을 고쳐주실 것이라고 믿었습니다. 그런데 예수님의 반응은 상식적으로 도저히 이해할 수 없었습니다. 급하게 와도 힘든 판에 이틀이나 더 늦게 오신 것입니다. 그래서 예수님께서 도착하셨을 때는 이미 장사 지낸 지 나흘이나 돼 시체에서 냄새가 났습니다. 얼핏 보면 예수님께서 외면하신 것처럼 보였습니다. 그러니 예수님의 사랑을 특별히 받고 있었던 그들이 배신감을 느낄 수도 있었을 것입니다.

 사실 우리에게도 이렇게 주님의 사랑을 의심할 수 있는 신앙의 위기가 찾아올 때가 있습니다. '내게 왜 이런 고난이 오는 것일까? 예수 믿으면 뭔가 더 좋아질 줄 알았는데 오히려 문제는 더 많이 발생이 되는 것은 무슨 이유일까? 내가 말씀 붙잡고 기도했는데 왜 응답이 이렇게 지체되고 있을까? 하나님께서는 도대체 내 기도를 듣기는 하시는 걸까?' 그러나 이런 질문의 뿌리를 보면 전부 자신의 기준에 근거한 외침일 뿐입니다. 사건과 문제를 창세기 3장의 나 중심, 창세기 6장의 물질 중심, 창세기 11장의 성공 중심의 관점에서 보았기 때문입니다. 이것을 사도행전 1:1의 그리스도 중심, 사도행전 1:3의 하나님 나라 중심, 사도행전 1:8의 오직 성령의 관점으로 바꾸는 것이 바로 성경적 신앙생활입니다. 우리가 날마다 새롭게 각인, 뿌리, 체질화되어야 하는 이유가 다음 성경 말씀에 나옵니다.

예수께서 들으시고 이르시되 이 병은 죽을 병이 아니라 하나님의 영광을 위함이요
하나님의 아들이 이로 말미암아 영광을 받게 하려 함이라 하시더라

_요한복음 11:4

쉽게 말하면 나사로가 병든 것이 하나님께서 영광을 받으실 사건이라는 말씀입니다. 나사로가 병들어 죽게 된 것은 부활의 교훈을 가르치기 위한 도구로서 하나님의 영광 나타내기 위한 것이며, 예수님이 십자가의 고난을 넘어서 부활의 영광을 받으시게 된다는 예표적인 사건이었습니다. 그래서 확실하게 보여 주시려고 죽은 지 나흘 만에, 시체에서 썩는 냄새가 날 정도로 되었을 때 예수님이 나타나신 것입니다. 우리는 질병으로 고통을 당하고, 사업에 실패하고, 사기를 당하고, 세상을 사는 것이 두렵게 느껴져도 더욱 주님의 음성을 들어야 합니다. 그러면 주님은 이렇게 응답하십니다.

"지금 너의 실패는 망하는 실패가 아니라 그것을 통해서 하나님께서 영광을 받으시기 위한 것이다."

주님이 나와 함께하심을 믿는다면 그 어떤 고난도 문제가 되지 않습니다. 하나님의 시간표 속에 우연은 없습니다. 우리의 삶에 찾아오는 각종 문제와 사건, 고난과 역경을 영적인 눈으로 해석하시기 바랍니다. 그 시간표를 통해서 우리는 하나님의 영광을 드러내는 삶을 살면 되는 것입니다.

시편 50:15를 보면 "환난 날에 나를 부르라 내가 너를 건지리니 네가 나를 영화롭게 하리로다"라고 선포하고 있습니다. 문제와 사건 앞에서 기도의 무릎을 꿇는 자의 삶을 통해 하나님은 영광을 받으신다는 사실입니다.

주님이 나와 함께하심을 믿는다는 것은 막연한 것이 아니라 기도의 자리로 나아간다는 것입니다. 다윗은 다음 성경 말씀을 통해 이런 기도의 응답을 받았다는 사실을 고백합니다.

> 내가 여호와를 기다리고 기다렸더니 귀를 기울이사 나의 부르짖음을 들으셨도다
> 나를 기가 막힐 웅덩이와 수렁에서 끌어올리시고 내 발을 반석 위에 두사 내 걸
> 음을 견고하게 하셨도다 _시편 40:1~2

기가 막힐 정도로 심각한 상황 속에서 하나님께 부르짖었더니 견고한 응답받았다는 말씀입니다. 이 책을 읽는 여러분도 그 어떤 문제와 사건, 고난과 역경 속에서도 언약을 붙잡은 기도를 통해 견고한 응답을 체험하게 되시기를 주님의 이름으로 축원합니다.

믿음의 성장을 위한 고난

> 마르다가 예수께 여짜오되 주께서 여기 계셨더라면 내 오라버니가 죽지 아니하
> 였겠나이다 그러나 나는 이제라도 주께서 무엇이든지 하나님께 구하시는 것을
> 하나님이 주실 줄을 아나이다 _요한복음 11:21~22

예수님께서 베다니 나사로의 집에 오셨을 때 마르다가 먼저 마중을 나와서 예수님을 맞이했습니다. 그러면서 설움에 북받쳐 나사로가 병이 들

었을 때 예수님께서 여기 계셨으면 하나님께 간구해서 나사로를 죽지 않게 하셨을 것이라고 섭섭한 감정을 토로했습니다. 그러자 예수님께서 이런 마르다를 향해 "네 오라비가 다시 살아나리라"고 말씀하셨습니다. 이런 예수님의 말씀에 마르다는 마지막 날 부활 때는 다시 살아날 것을 자신이 안다고 했습니다. 마르다는 종말이 되면 모두 부활할 것을 지식적으로 알았지만, 예수님께서 죽은 나사로를 지금 살릴 수 있음을 믿는 믿음은 전혀 없었습니다. 이런 마르다를 향해 예수님께서 아주 놀라운 말씀을 선포하셨습니다.

예수께서 이르시되 나는 부활이요 생명이니 나를 믿는 자는 죽어도 살겠고 무릇 살아서 나를 믿는 자는 영원히 죽지 아니하리니 이것을 네가 믿느냐

_요한복음 11:25~26

예수님은 부활과 생명의 주가 되심을 선포하셨습니다. 창세기 3장에서 발생한 첫 사람 아담의 범죄로 찾아온 죽음의 문제는 부활의 능력을 가지신 예수 그리스도를 통해서만 해결된다는 사실을 선포하신 것입니다.

이르되 주여 그러하외다 주는 그리스도시요 세상에 오시는 하나님의 아들이신 줄 내가 믿나이다 _요한복음 11:27

예수님의 말씀에 마르다는 이전보다는 조금 나아진 믿음의 표현으로 답변했습니다. "아나이다"에서 "믿나이다"로 바뀌었지만, 아직 각인, 뿌리,

체질화된 것은 아니었습니다.

 예수님은 이 대화 후에 나사로가 묻혀있던 무덤으로 가셨습니다. 당시에는 동굴을 무덤으로 사용했는데 그 입구를 돌로 막아 놓았습니다. 그래서 예수님께서 그 앞의 돌을 옮겨놓으라고 말씀을 하셨습니다. 그런데 이때 마르다는 또 불신앙의 말을 했습니다. 요한복음 11:39를 보면 마르다는 "주여 죽은 지가 나흘이 되었으매 벌써 냄새가 나나이다"라고 말합니다. 벌써 다 죽었는데 무슨 소용이 있겠느냐는 말입니다. 문제와 사건 앞에서 믿음이 오르내리는 상태를 보여주고 있습니다.

 이런 마르다를 향해 예수님은 결정적인 말씀을 하셨습니다.

예수께서 이르시되 내 말이 네가 믿으면 하나님의 영광을 보리라 하지 아니하였느냐 하시니 _요한복음 11:40

 불신앙, 염려, 걱정, 편견, 절망, 좌절을 다 내어버리고 하나님의 영광을 보는 믿음을 가지라는 말씀입니다. "왜 아직도 인간적인 믿음, 지식적 믿음 속에서 빠져나오지 못하느냐"는 예수님의 말씀에 정신이 번쩍 든 마르다는 사람들을 시켜서 무덤 입구를 막고 있던 돌을 옮겨놓게 했습니다. 그러자 예수님께서는 죽은 나사로를 향해 큰소리로 말씀하셨습니다.

나사로야 나오라 _요한복음 11:43

예수님의 말씀이 선포되자마자 죽었던 나사로가 수족을 베로 동인 채로 나왔습니다. 이처럼 믿으면 하나님의 영광을 보게 되어있습니다.

이런 이야기가 있습니다. 들판에 아직 퍼내지 않은 진흙이 있었는데 어느 날 포클레인이 들어오더니 그 진흙을 파내어 트럭에 실었습니다. 그리고 그 진흙은 큰 컨베이어에 들어가 잘게 부수어졌습니다. 그러자 진흙은 너무나도 아파서 까무러칠 뻔했습니다. 그러더니 다시 큰 떡메가 이리 치고 저리 쳐 진흙은 완전히 혼절했습니다. 겨우 깨어보니 자신이 토기로 만들어져 화로로 들어가고 있었습니다. 이제는 죽었구나 생각하며 이틀이나 불화로 안에 있었습니다. 이제는 끝났겠지 생각했지만, 고통은 더 커졌습니다. 유약을 바르고 채색을 하고는 활활 타오르는 불화로 속에 다시 들어갔습니다. 그러고는 이틀 후에 불화로 밖으로 나온 자신을 보고 진흙은 깜짝 놀랐습니다. 몰라보게 아름다워진 자기 자신을 발견했기 때문입니다. 들판에 널려있던 보잘것없는 진흙이 아름다운 도자기로 변화된 것입니다.

여러분, 지금의 고통이 하나님의 손에 있다면 그것은 여러분이 아름답게 변화될 기회입니다. 이 책을 읽는 여러분 모두가 문제와 사건 앞에서, 고난과 역경 앞에서 하나님의 영광을 보는 믿음의 성장이 있게 되길 주님의 이름으로 축원합니다.

복음적 관점

항상 "폐하, 잘된 일입니다."라고만 말하는 신하가 있었습니다. 어느 날 왕과 신하가 사냥을 갔는데 신하의 잘못 때문에 왕의 손가락 하나가 잘려 나가는 사고가 발생했습니다. 왕이 분노해서 그 신하를 감옥에 집어넣었습니다. 이듬해에 왕이 다시 사냥하러 갔습니다. 그런데 왕이 정글 깊이 들어갔다가 길을 잃고 식인종에게 붙잡혔습니다. 식인종들이 가만히 살펴보니 왕의 손가락 하나가 없었습니다. "이 음식은 불량품이다."라고 하며 왕을 풀어 주었습니다. 식인종에게 풀려난 왕이 감옥으로 가서 그 신하에게 "자네 덕분에 살아났어, 미안하네."라고 말했습니다. 그러자 그 신하가 이렇게 말했습니다.

"폐하, 참으로 잘된 일입니다. 제가 감옥에 안 들어왔으면 폐하와 같이 사냥 나갔을 것이고 저는 흠이 없는 음식이 되어 식인종의 밥이 됐을 것입니다."

우리가 어떤 상황과 환경 속에서도 긍정적 시각을 가지고 있으면, 모든 것을 긍정적으로 해석하게 된다는 것입니다. 영적으로 볼 때 복음적 시각과

복음적 관점을 가지고 있으면, 우리가 결코 좌절하거나, 낙심하거나, 실망할 이유가 없습니다. 고난을 고난으로 보지 않고 고난 가운데 역사하시는 하나님의 섭리를 깨닫고, 인생 작품을 만드시기 바랍니다. 이를 통해 여러분 모두가 생명과 부활이신 예수 그리스도의 능력에 힘입어 날마다 견고한 응답의 주역으로 쓰임 받으시길 주님의 이름으로 축원합니다.

우리의 모든 염려와 초조는 하나님을
빼고 계산하기 때문에 생겨난다.
-오스왈드 챔버스 목사

2

염려 아웃

²⁵그러므로 내가 너희에게 이르노니 목숨을 위하여 무엇을 먹을까 무엇을 마실까 몸을 위하여 무엇을 입을까 염려하지 말라 목숨이 음식보다 중하지 아니하며 몸이 의복보다 중하지 아니하냐 ²⁶공중의 새를 보라 심지도 않고 거두지도 않고 창고에 모아들이지도 아니하되 너희 하늘 아버지께서 기르시나니 너희는 이것들보다 귀하지 아니하냐 ²⁷너희 중에 누가 염려함으로 그 키를 한 자라도 더할 수 있겠느냐 ²⁸또 너희가 어찌 의복을 위하여 염려하느냐 들의 백합화가 어떻게 자라는가 생각하여 보라 수고도 아니하고 길쌈도 아니하느니라 ²⁹그러나 내가 너희에게 말하노니 솔로몬의 모든 영광으로도 입은 것이 이 꽃 하나만 같지 못하였느니라 ³⁰오늘 있다가 내일 아궁이에 던져지는 들풀도 하나님이 이렇게 입히시거든 하물며 너희일까보냐 믿음이 작은 자들아 ³¹그러므로 염려하여 이르기를 무엇을 먹을까 무엇을 마실까 무엇을 입을까 하지 말라 ³²이는 다 이방인들이 구하는 것이라 너희 하늘 아버지께서 이 모든 것이 너희에게 있어야 할 줄을 아시느니라 ³³그런즉 너희는 먼저 그의 나라와 그의 의를 구하라 그리하면 이 모든 것을 너희에게 더하시리라

마태복음 6:25~33

염려의 영향을 받지 않는 삶

이번 챕터의 제목이 '염려 아웃'입니다. 야구 경기에서 타자나 주자가 그 자격을 잃는 것을 가리켜 '아웃'이라고 합니다. 쉽게 설명하면 선수가 경기에서 더 이상 영향력을 입히지 못하게 되는 상태를 말합니다. 그래서 '염려 아웃'이라는 말은 더 이상 염려의 영향을 받지 않는 삶을 살라는 의미입니다. 염려에서 완전 자유함을 누리시기 바랍니다.

성경에도 염려에 사로잡히지 말고 완전 자유함을 누릴 것을 반복적으로 강조했습니다. 예수님께서는 앞의 성경 말씀을 통해 염려하지 말라고 단언하셨습니다. 사도 바울도 빌립보서 4:6에서 "아무 것도 염려하지 말고 다만 모든 일에 기도와 간구로, 너희 구할 것을 감사함으로 하나님께 아뢰라"라고 말합니다. 그리고 예수님의 수제자 베드로도 베드로전서 5:7에서 "너희 염려를 다 주께 맡기라 이는 그가 너희를 돌보심이라"라고 강조했습니다. 왜 그렇게 염려에 대해 반복적으로 강조하는 것입니까? 바로 우리의 대적 마귀가 우는 사자와 같이 두루 다니며 삼킬 자를 찾는데 그 중요한 전략이 염려케 하는 것이기 때문입니다. 이 책을 통해 독자 여러분 모두가 염려로부터 완전 자유함을 얻게 되시길 주님의 이름으로 축복합니다.

절대 마음 회복

그러므로 내가 너희에게 이르노니 목숨을 위하여 무엇을 먹을까 무엇을 마실까 몸을 위하여 무엇을 입을까 염려하지 말라 목숨이 음식보다 중하지 아니하며 몸이 의복보다 중하지 아니하냐 _마태복음 6:25

예수님께서 인간이 가지고 있는 다양한 염려 거리에 대해 말씀하고 계시는데 인간의 주된 염려는 '무엇을 먹을까, 무엇을 마실까, 무엇을 입을까'라는 것입니다. 스펄전 목사는 이 세 가지를 가리켜 '세상 염려 삼위일체'라고 말했습니다. 예수님께서 말씀하고자 하는 의도는 한마디로 '염려하지 말라'는 것입니다.

'염려'라는 말은 헬라어로 '메림나오'라고 하는데 이는 분열을 의미하며, 마음이 온통 갈기갈기 찢어진 상태를 말합니다. 이렇게 되면 삶이 제대로 되지 않고 엉망진창이 되어버립니다. 고린도후서 7:10에 보면 "하나님의 뜻대로 하는 근심은 후회할 것이 없는 구원에 이르게 하는 회개를 이루는 것이요 세상 근심은 사망을 이루는 것이니라"라고 말씀하고 있습니다. 세상의 염려 근심은 결국, 자신을 죽게 만드는 백해무익한 것임을 강조하고 있습니다. 사실 염려처럼 비생산적이고 파괴적인 것이 없습니다. 염려는 문제 해결에 아무런 도움이 안 됩니다.

마태복음 6:27을 보면 예수님께서 "너희 중에 누가 염려함으로 그 키를 한 자라도 더할 수 있겠느냐"고 반문하셨습니다. 이는 염려가 문제를 근본적으로 해결할 수 있는 것이 아님을 강조하신 것입니다. 여기에서 '키'라는 말은 신체적 키를 말하기도 하지만 본질적으로는 '생명, 목숨'이라는 뜻입니다. 염려한다고 목숨을 단 한 시간이라도 연장할 수 있겠느냐는 것입니다. 오히려 생명의 길이를 단축할 뿐입니다. 잠언 17:22에도 보면 "마음의 즐거움은 양약이라도 심령의 근심은 뼈를 마르게 하느니라"라고 분명히 말씀하고 있습니다.

요즘 들어 전혀 아픈 데도 없으면서 스스로 환자라고 단정해 병원을 전전하는 건강염려증 환자가 많아졌다고 합니다. 건강염려증에 걸린 이들은 자신이 질병에 걸렸다고 생각하는 탓에 자신의 증세를 다양한 의학용어를 써가며 호소합니다. 검사 결과가 정상이고 질병이 없다는 의사의 설명을 믿지 못하는 경향이 강하여 여러 병원에 다니며 반복적 검사를 받는 등의 닥터 쇼핑을 한다는 것입니다. 그러다가 정신질환을 일으키는 일도 있고, 정신적인 고통이 신체적인 질병으로 나타나기도 한다고 합니다. 이처럼 아직 오지도 않은 것들로 가득 채우는 것이 바로 염려입니다. 이렇게 되면 결국 불안해지고 두려워지고 의심이 많아지고 조급해지고 나중에는 결국 우울해지고 맙니다. 이처럼 결국 우리의 영적인 삶까지 망가지게 하는 것이 염려입니다.

예수님께서는 이런 염려가 불신앙에서 비롯된 것임을 비유를 들어 말씀하셨습니다.

공중의 새를 보라 심지도 않고 거두지도 않고 창고에 모아들이지도 아니하되 너희 하늘 아버지께서 기르시나니 너희는 이것들보다 귀하지 아니하냐 너희 중에 누가 염려함으로 그 키를 한 자라도 더할 수 있겠느냐 또 너희가 어찌 의복을 위하여 염려하느냐 들의 백합화가 어떻게 자라는가 생각하여 보라 수고도 아니하고 길쌈도 아니하느니라 _마태복음 6:26~28

공중의 새, 들의 백합화가 어떻게 자라는지 보라는 것입니다. 이런 것들도 하나님께서 다 간섭하고 계시는데 하물며 하나님께서 가장 존귀하게 여기시는 하나님의 자녀를 간섭하지 않으시겠느냐는 말씀입니다. 다시 말해서 염려한다는 것은 이런 창조주 하나님을 불신앙하는 것과 마찬가지입니다.

앞의 말씀 속에는 세상과 구별된 하나님의 자녀로서의 영적 정체성을 분명히 하라는 메시지가 담겨 있습니다. 하나님의 자녀가 되어서도 세상 사람들과 같아서야 되겠느냐는 말입니다. 마태복음 6:31~32에도 보면 "무엇을 먹을까, 무엇을 마실까, 무엇을 입을까 하는 이런 염려는 다 이방인들이 구하는 것"이라고 말씀하셨습니다. 이 모든 것이 우리에게 있어야 할 줄을 하늘 아버지께서 이미 다 알고 계시며, 자녀의 필요를 아시기에 그 필요를 가장 합당하게 채워주신다는 것입니다.

 여러분, 하나님의 자녀가 되었다는 말이 무슨 말입니까? 이 말은 인생의 모든 문제가 완전히 해결되었다는 것입니다. 예수가 그리스도로 오셔서 인간이 가지고 있는 모든 문제에 대한 답이 되셨습니다. 인간 스스로 해결할 수 없는 하나님 떠난 문제, 죄 문제, 사탄 문제를 완벽히 해결해 주셨을 뿐만 아니라 우리의 미래까지도 완전히 책임져 주시는 것입니다. 여기에 대한 분명한 믿음이 있을 때 염려하지 않게 되어 있습니다.

 마태복음 6:30에도 보면 예수님께서 "오늘 있다가 내일 아궁이에 던져지는 들풀도 하나님이 이렇게 입히시거든 하물며 너희일까보냐 믿음이 작은 자들아"라고 말씀하셨습니다. 속지 말고 참된 믿음, 절대 믿음을 가지라는 것입니다.

 여러분이 하나님에 대한 절대 믿음을 가지는 순간 염려가 끝이 나게 되어 있습니다. '정말 나에게 예수가 그리스도 되신다. 그분이 지금 나와 함께 하신다. 세상 끝날까지 나를 확실히 인도하신다.' 그러면 끝나는 것이 아닙니까?

 여러분, 우리 인생의 주관자이신 하나님에 대한 절대 믿음을 가지고 내게 주신 신분과 권세, 그 영적 배경이 얼마나 크고 놀라운지 사실적으로 체험하시기 바랍니다. 하늘 보좌의 문이 열리는 축복, 모든 흑암이 물러가고 생명의 빛으로 가득한 삶의 축복을 체험해봐야 합니다. 그래서 어떤 상황 속에서도 염려라는 불신앙에 속지 않고 승리하는 인생 되시기를 주님의 이름으로 축원합니다.

예수님의 해결책

그런즉 너희는 먼저 그의 나라와 그의 의를 구하라 그리하면 이 모든 것을 너희에게 더하시리라 _마태복음 6:33

예수님께서는 단순히 염려하지 말라고 말씀만 하지 않으셨습니다. 그냥 염려하지 말아야 한다고 해서 염려가 안 되겠습니까? 그렇지 않습니다. 그래서 예수님께서는 염려로부터 완전히 자유로울 수 있는 해결책을 제시하셨습니다. 그것이 무엇입니까? 바로 먼저 하나님의 나라와 하나님의 의를 구하라는 것입니다. 이것이 우리가 먼저 기도할 제목입니다. 이것이 인생의 최고 우선순위가 되어야 하며, 이렇게 될 때 염려로부터 완전히 자유함을 얻게 된다는 것입니다.

그렇다면 하나님의 나라와 의를 구한다는 말이 무슨 말입니까? 하나님의 나라라는 말은 하나님의 통치와 지배가 이루어지는 현장을 의미합니다. 그래서 하나님의 나라가 임하도록 기도하는 것이 무척 중요합니다. 여러분 개인에게 하나님의 나라가 임하는 것이 무엇입니까? 그것은 구원, 즉 구원의 축복을 누리는 삶입니다. 구원의 확신, 기도응답의 확신, 승리의 확신, 사죄의 확신, 성령 인도의 확신 속에 거하는 것입니다.

이렇게 하나님의 나라가 여러분 가정에 임하면 어떻게 되겠습니까? 어둠이 다 물러가고 가정 천국을 이루게 됩니다. 남편과 아내가, 부모와 자녀가 서로 복음 안에서 하나를 이루는 것입니다. 하나님의 나라가 여러분의 직장과 사업장에 임하면 흑암이 꺾이고 여러분의 기능과 만남에 역사가 일어나게 되어 있습니다. 여러분이 가는 지역 현장에 하나님 나라가 임하면 지역 복음화가 이루어지고, 전 세계 선교 현장에 임하면 세계복음화가 이루어지는 것입니다. 이렇게 진정한 복음 운동을 하면 하나님께서 우리의 삶을 전적으로 책임져 주심을 믿으시기 바랍니다.

예수님께서는 우리에게 하나님의 나라뿐만 아니라 하나님의 의를 구하라고 말씀하셨습니다. '의'라는 말은 쉽게 말해서 '올바른 것'이라는 뜻입니다. 무엇이 하나님 앞에 올바른 것입니까? 하나님의 바른 계획을 가지고 기도하는 것입니다. 하나님의 뜻과 계획이 내 삶을 통해 이루어지도록 기도하는 것입니다. 특별히 하나님의 의는 한마디로 예수 그리스도라고 말할 수 있습니다. 그렇기 때문에 여러분을 통해서 예수 그리스도가 드러나는 것이 하나님의 의를 구하는 삶이 되는 것입니다. 이것이 우선순위가 되어 있으면 그 이후는 하나님께서 완전히 책임지신다는 말씀입니다.

*너희는 먼저 그의 나라와 그의 의를 구하라 그리하면 이 모든 것을
너희에게 더하시리라* _마태복음 6:33

이 말씀을 마음속에 새기시기 바랍니다.

초대교회 문헌을 보면 초대교회 성도들이 별명처럼 자기 이름 앞에 붙이고 다니는 말이 있었는데 바로 '티테디오스(Titedios)'라는 말입니다. 티테디오스는 '결코 염려하지 않는 사람'을 뜻합니다. 당시에는 예수를 믿는다는 이유만으로 죽임을 당했습니다. 인간적으로 보자면 한 치 앞도 알 수 없는 상황 속에서 두려워하고 염려할 수밖에 없었습니다. 그런데 이들이 이런 염려로부터 완전히 해방된 상태, 자유함을 누렸다는 것입니다. 오직 그리스도, 오직 하나님 나라, 오직 성령 충만이 이들의 삶 가운데 각인, 뿌리, 체질화되었기 때문입니다. 결국 이들을 통해 어떠한 역사가 일어났습니까? 전 세계를 장악하고 있던 로마가 무릎을 꿇는 역사가 일어난 것입니다. 이와 같이 예수 그리스도를 믿고 복음을 깨달은 여러분 모두가 염려로부터 완전히 자유함을 누리며 하나님의 나라와 그 의를 이루는 영적 티테디오스의 삶을 사시기를 주님의 이름으로 축복합니다.

본론 인생

미국 매사추세츠 종합병원에서 정신과 상담의사로 평생을 활동한 조지 월튼이 쓴 「1% 걱정만 줄여도 인생이 바뀐다」라는 책이 있습니다. 그는 평생 정신의학 분야에 있으면서 사람들에게 발생하는 문제의 원인을 살펴보았습니다. 그 결과 사람의 속에는 끝이 없는 것이 두 가지가 있는데 바로 '염려와 욕심'이라는 것입니다. 이 두 가지는 여러모로 비슷합니다. 언제나 지나치게 마음을 빼앗아 가고, 억누르면 억누를수록 달라붙습니다. 무엇보다 사람들은 욕심 가운데서 염려하고 있다는 것입니다.

그 욕심의 핵심이 무엇입니까? 바로 창세기 3장, 6장, 11장의 서론입니다. 여러분은 복음에 유익하지 않은 서론은 완전히 끊고, 버리고, 떠나시기 바랍니다. 이를 통해 하나님 나라의 의를 먼저 구하는 본론 인생 속으로 들어가시기를 주님의 이름으로 축복합니다.

너희 염려를 다 주께 맡기라
이는 그가 너희를 돌보심이라
-베드로전서 5:7

3

결코 두려워할 이유가 없다

16저물매 제자들이 바다에 내려가서
17배를 타고 바다를 건너 가버나움으로 가는데 이미 어두
웠고 예수는 아직 그들에게 오시지 아니하셨더니
18큰 바람이 불어 파도가 일어나더라 19제자들이 노를
저어 십여 리쯤 가다가 예수께서 바다 위로 걸어 배에
가까이 오심을 보고 두려워하거늘 20이르시되 내니 두려
워하지 말라 하신대 21이에 기뻐서 배로 영접하니
배는 곧 그들이 가려던 땅에 이르렀더라

요한복음 6:16~21

두려움의 본질

 한 젊은 여인이 우범지역에서 버스를 타려고 기다리고 있을 때, 이 지역에 처음 배치된 신참 경찰관이 다가와서 이렇게 말했습니다.

"함께 기다려도 될까요?"
 그러자 이 여인이 웃으며 대답했습니다.
"그럴 필요 없어요. 나는 무섭지 않아요."
 그때 신참 경찰관이 이렇게 말했습니다.
"사실은 제가 무서워서 그럽니다. 옆에서 같이 기다려 줄 수 있나요?"

 심리학자들의 말에 의하면 인간이 태어나서 최초로 경험하는 감정이 두려움이라고 합니다. 버림받을지도 모른다는 두려움, 높은 곳에서 떨어지는 것에 대한 두려움, 큰 소리에 대한 두려움 등이 처음부터 인간의 생존을 위협하는 두려움입니다.

 이렇게 두려워하는 마음을 가지게 된 원인은 창세기 3장에서 비롯되었습니다. 사람이 사탄에게 속아 하나님 말씀에 불순종함으로 두려움이 찾아오게 된 것입니다. 범죄한 아담이 하나님의 낯을 피하여 동산 나무 사이에 숨어있을 때 하나님께서 아담을 찾아와서 어디에 있느냐고 부르셨습니다. 이때 아담이 "내가 두려워하여 숨었나이다."라고 대답했습니다. 하나님께 범죄함으로써 하나님의 형상을 상실하자마자 두려움에 사로잡힌 모습을 볼 수 있습니다. 이런 아담의 두려움은 지금도 많은 사람을 사로잡고 있습니다. 특히 두려움은 우리의 영적 성장을 가로막는 직접적인 장애물이 됩니다. 두려움 때문에 문제에 직면하지 못하고 자꾸 피하게 됩니다. 골리앗 앞에 서 있던 사울왕과 이스라엘 군대는 두려워서 회피하게 되고 무력감에 사로잡혔던 것입니다.

 이렇게 영적으로 무력한 현장에 소년 다윗이 승부사로 등장하면서 현장의 판세를 완전히 바꿔버렸습니다. 다윗이 가지고 있었던 것은 단 하나 하나님을 향한 절대적 믿음뿐이었습니다. 다윗의 믿음 앞에 거함 골리앗이 침몰한 것입니다. 다윗은 영적인 시선을 골리앗에게 맞추지 않았습니다. 눈앞의 문제와 사건에 잡히지 않고 모든 역사를 주관하시고 섭리하시는 하나님께 자신의 시선을 맞추었습니다. 그래서 골리앗을 향해 이렇게 담대히 선포할 수 있었습니다.

너는 칼과 창과 단창으로 내게 나아 오거니와 나는 만군의 여호와의 이름 곧 네가 모욕하는 이스라엘 군대의 하나님의 이름으로 네게 나아가노라

_사무엘상 17:45

다윗은 자기 스케일이 아니라 하나님의 스케일로 골리앗을 바라보았습니다. 문제와 사건 앞에 어떤 영적인 시선을 가지느냐가 중요합니다. 이 책을 읽는 여러분 모두가 수많은 문제와 사건 앞에서 결코 두려워할 이유가 없다는 영적 진리를 분명히 깨닫고 견고한 응답의 주역이 되시기를 주님의 이름으로 축원합니다.

담대한 믿음

저물매 제자들이 바다에 내려가서 배를 타고 바다를 건너 가버나움으로 가는데 이미 어두웠고 예수는 아직 그들에게 오시지 아니하셨더니 큰 바람이 불어 파도가 일어나더라 _요한복음 6:16~18

앞의 성경 말씀은 요한복음에 나타난 일곱 가지 표적 중에서 다섯 번째로 오병이어의 기적 직후에 일어난 표적에 관한 말씀입니다. 오병이어 기적의 현장을 목격했던 군중은 흥분하기 시작했습니다. 요한복음 6:14~15을 보면 군중은 자신들을 구하러 오실 그 선지자가 예수님이라고 생각해서 예수님을 임금으로 추대하려는 움직임을 보이기 시작했다고 기록되어 있습니다. 그들은 예수님이라면 자신들의 먹고사는 문제뿐만 아니라 정치적인 모든 문제를 능히 해결할 것으로 생각했습니다. 이것이 당시에 유대인들이 가지고 있었던 메시아 대망 사상의 핵심입니다.

그러나 예수님은 이러한 육신적인 영광을 위해서 이 땅에 오신 분이 아닙니다. 예수님이 이 땅에 오신 목적은 경제적, 정치적 메시아가 되는 것이 아니라, 우리를 죄악에서 구원하시기 위해서 영적 메시아로 오신 것입니다. 그래서 예수님은 이런 유대인들을 향해 이렇게 말씀하셨습니다.

> 너희가 성경에서 영생을 얻는 줄 생각하고 성경을 연구하거니와 이 성경이 곧 내게 대하여 증언하는 것이니라 그러나 너희가 영생을 얻기 위하여 내게 오기를 원하지 아니하는도다 _요한복음 5:39~40

유대인들은 눈에 보이는 서론적인 것에 관심을 두고 예수님께 나왔던 것이지 정작 영적인 본질, 영원한 생명을 얻기 위해서 나아오지 않았던 것입니다. 이렇게 성경을 아무리 연구한다 해도 '예수가 그리스도, 인생 모든 문제 해결자'라는 구속사적 관점으로 성경에 접근하지 않으면 아무런 의미가 없습니다.

예수님께서는 오병이어의 기적을 보고 흥분하는 무리를 흩으신 후에 홀로 기도하러 산으로 가셨고, 제자들은 출세 지향적인 헛된 생각을 품지 못하도록 배에 태워 건너편 가버나움으로 보내셨습니다. 그런데 제자들에게 문제가 발생했습니다. 제자들은 예수님의 놀라운 기적을 체험한 후, 마치 천하를 얻은 것과 같이 들뜬 분위기에서 배를 타고 갔습니다. 배를 타고 한참 가는 중에 갑자기 거센 풍랑이 일어 큰 위험에 빠졌습니다. 이때 제자들은 두려움, 공포, 불안, 절망 가운데 괴로이 노를 젓고 있었다고 성경에 기록되어 있습니다.

제자들 중에는 바다에서 산전수전 다 겪은 어부 출신들이 많았지만 어떻게 손 쓸 엄두를 내지 못했습니다. 마가복음 6:48을 보면 이들이 밤 사경까지 풍랑 속에 있었음을 알 수 있습니다. 유대 시각으로 밤 사경은 새벽 3시부터 6시 사이를 말합니다. 제자들이 저녁을 먹은 후에 아무리 늦게 출발했어도 적어도 6시간 이상은 사투를 벌였던 것입니다. 요한복음 6:19에는 이들이 노를 저어 십여 리쯤 갔다고 밝히고 있는데 이는 대략 5km정도입니다. 갈릴리 바다의 폭이 약 10km 정도이므로 그들은 바다 한가운데서 사투를 벌였던 것입니다.

사실 제자들은 자신들의 의지로 배를 타고 간 것이 아닙니다. 예수님의 말씀에 순종해서 배를 타고 건너갔는데 이런 풍랑을 만난 것입니다. 우리가 때로는 믿음으로 살지 않아서, 언약을 놓쳐서 고난을 겪기도 하지만 어떤 경우에는 믿음으로 살려고 하는데도 불구하고 여러 가지 어려움과 시련을 겪기도 합니다. 어떤 사람은 예수님을 믿고 나서 오히려 더 큰 어려움에 빠지는 경우도 있습니다. 평상시에 겪지 않았던 문제까지 몇 배의 고통을 당하기도 합니다. 이런 연단의 상황 속에서 두려움에 빠지고 절망과 좌절을 하는 기독교인들이 많습니다. 과연 이런 풍랑이 우연히 발생했겠습니까? 그렇지 않습니다. 예수님께서는 지금 제자들을 훈련하고 계시는 것입니다. 단순히 기적에 취해 있을 것이 아니라 '어떤 상황 속에서도 흔들리지 않는 믿음이 필요하다'는 사실을 제자들에게 심어주시기 위함이었습니다.

성경에 기록된 예수님의 수많은 이적과 기적은 본질이 아닙니다. 예수님께서 원하시는 것은 그것을 통해 참된 믿음을 회복하는 것입니다. 어떤 상황 속에서도 두려워하지 않고 담대히 넘어설 수 있는 믿음을 원하십니다. 지금 여러분 앞에는 어떤 풍랑이 불어 닥치고 있습니까? 그 풍랑 앞에서 두려워 떨고 있습니까? 담대한 믿음은 판세를 바꾸는 영적 힘이 있다는 사실을 보는 눈이 열리시기 바랍니다. 그래서 영의 눈을 여시고 믿음을 회복하는 기회로 삼으시기를 기원합니다.

다윗은 자신에게 닥친 고난 앞에서 이렇게 고백했습니다.

천만인이 나를 에워싸 진 친다 하여도 나는 두려워하지 아니하리이다 _시편 3:6

이 시는 다윗이 아들 압살롬의 반역 때문에 도망을 칠 때 지은 것입니다. 완전히 도망자 신세가 되고 풍전등화와 같은 위기 속에서 다윗이 이런 고백을 할 수 있었던 것은, 여호와 하나님께서 자신을 붙들고 계시므로 전혀 두려워할 이유가 없다는 분명한 확신이 있었기 때문입니다. 그의 믿음대로 모든 것이 다시 회복되었습니다. 여러분, 문제와 사건 앞에서 영적으로 더욱 큰 믿음의 고백을 하시기 바랍니다. 불신앙에서 완전히 벗어나 하나님의 스케일을 바라보는 믿음을 키우시기 바랍니다. 그래서 모든 것을 합

력하여 선을 이루시는 하나님을 체험하는 담대한 믿음의 사람이 되시길 주
님의 이름으로 축원합니다.

담대한 도전

제자들이 노를 저어 십여 리쯤 가다가 예수께서 바다 위로 걸어 배에 가까이 오
심을 보고 두려워하거늘 이르시되 내니 두려워하지 말라 하신대 이에 기뻐서 배
로 영접하니 배는 곧 그들이 가려던 땅에 이르렀더라 _요한복음 6:19~21

 예수님은 풍랑 이는 바다 위를 걸어 제자들에게 가까이 가셔서 큰 위로와
평안의 메시지를 주셨습니다. "내니 두려워하지 말라"는 이 말씀은 예수님
께서 지금 함께하고 있으니 모든 두려움에서 참 자유함을 얻으라는 뜻입니
다. 예수님께서 함께하심으로 제자들은 지금까지 느꼈던 모든 절망과 두려
움에서 벗어나 참 평안을 맛보게 되었습니다. 여기서 '내니'라는 말은 헬라
어로 '에고 에이미'라고 하는데 출애굽 당시 하나님께서 모세에게 말씀하
신 '나는 스스로 있는 자'라는 말씀과 같습니다. 예수님께서는 모든 문제와
사건을 다 지배하시고 정복하시는 창조주 하나님이심을 기억해야 합니다.

 신학자 어거스틴은 앞의 성경 말씀 속의 예수님을 이렇게 표현했습니다.

"예수님은 파도를 밟고 오셨다. 이처럼 예수님은 인생을 뒤엎는 모든 환난

을 발아래 밟아버리신다. 크리스천들이여, 왜 두려워하는가?"

여러분이 감당할 수 없는 모든 염려와 근심과 걱정을 여러분의 머릿속에서 발밑으로 내려서 밟아 버리시기 바랍니다. 풍랑을 잔잔하게 하시고 참평안을 주시는 주님을 확실히 믿으시기 바랍니다.

네가 물 가운데로 지날 때에 내가 너와 함께 할 것이라 강을 건널 때에 물이 너를 침몰하지 못할 것이며 네가 불 가운데로 지날 때에 타지도 아니할 것이요 불꽃이 너를 사르지도 못하리니 _이사야 43:2

하나님께서는 그리스도인이 결코 어려움을 당하지 않는다고 약속하신 일이 없습니다. 그리스도인에게도 물을 지나고 강을 건너며 불 가운데를 지나는 시간표가 있습니다. 그러나 분명한 것은 그 어떤 상황 속에서도 주님은 성령으로 여러분과 동행하시고, 함께해 주시는, 참 보호자가 되신다는 사실입니다. 그러므로 담대히 믿음의 도전을 하시기 바랍니다.

가나안 정복 전쟁을 앞둔 여호수아에게 하나님께서는 다음과 같이 말씀하셨습니다.

내가 네게 명령한 것이 아니냐 강하고 담대하라 두려워하지 말며 놀라지 말라 네가 어디로 가든지 네 하나님 여호와가 너와 함께 하느니라 하시니라 _여호수아 1:9

우리 앞에 두려워하고 놀랄 일들이 다가오더라도 하나님께서 함께하신다는 영적 힘을 가지고 담대하게 믿음의 도전을 하라는 것입니다. 이 언약을 붙잡은 여호수아는 물이 흘러넘치는 요단을 건너 난공불락의 요새 여리고 성을 무너뜨리고 결국은 하나님께서 자신에게 주신 미션을 다 완성했습니다.

이처럼 하나님께서 함께하시는 비밀을 누리는 자는 하나님의 능력과 재창조의 역사를 체험하게 되어있습니다. 중요한 것은 믿음의 도전입니다. 가만히 앉아서 "믿습니다!"라고 말만 하고 끝나면 아무 소용없습니다. 하나님께서 일하시는 방법은 믿음을 가지고 담대하게 도전하는 사람을 통해 하나님 나라를 확장해 나가는 역사를 일으키는 것입니다. 이 책을 읽는 여러분 모두가 이런 하나님의 손에 붙잡혀 시대적, 대표적, 기념비적으로 쓰임 받는 증거가 있게 되기를 주님의 이름으로 축원합니다.

정면돌파

'정면돌파'라는 말이 있습니다. 어떤 문제와 사건이 일어났을 때 그것을 회피하지 않고 직면해서 해결하고 이겨내는 것을 의미합니다. 우리의 영적 삶에 있어서 정면돌파는 무척이나 중요합니다. 성경에 기록된 믿음의 인물들이 한결같이 가지고 있었던 영적 의식이 바로 정면돌파였습니다. 세상의 거센 물결을 두려워해 휩쓸리는 것이 아니라 그 거센 물결을 거슬러 올라가서 기어이 승리의 깃발을 꽂고 믿음의 승전가를 불렀던 것입니다. 히브리서 11장의 믿음의 인물들이 그러했고, 로마서 16장의 인물들이 그러했습니다. 이런 사람들은 세상이 감당하지 못하는 사람들입니다.

나의 의인은 믿음으로 말미암아 살리라 또한 뒤로 물러가면 내 마음이 그를 기뻐하지 아니하리라 하셨느니라 우리는 뒤로 물러가 멸망할 자가 아니요 오직 영혼을 구원함에 이르는 믿음을 가진 자니라 _히브리서 10:38~39

여러분, 문제와 사건 앞에서 뒤로 물러서지 마시기 바랍니다. 예수 그리스도가 영원토록 나와 함께하신다는 사실을 분명히 믿고 믿음으로 도전해서, 여러분의 수준을 넘어 하나님의 스케일을 체험하게 되시기를 주님의 이름으로 축원합니다.

마음의 즐거움은 양약이라도
심령의 근심은 뼈를 마르게 하느니라
-잠언 17:22

4

완벽히 보장된 인생

²⁶이와 같이 성령도 우리의 연약함을 도우시나니 우리는 마땅히 기도할 바를 알지 못하나 오직 성령이 말할 수 없는 탄식으로 우리를 위하여 친히 간구하시느니라 ²⁷마음을 살피시는 이가 성령의 생각을 아시나니 이는 성령이 하나님의 뜻대로 성도를 위하여 간구하심이니라 ²⁸우리가 알거니와 하나님을 사랑하는 자 곧 그의 뜻대로 부르심을 입은 자들에게는 모든 것이 합력하여 선을 이루느니라 ²⁹하나님이 미리 아신 자들을 또한 그 아들의 형상을 본받게 하기 위하여 미리 정하셨으니 이는 그로 많은 형제 중에서 맏아들이 되게 하려 하심이니라 ³⁰또 미리 정하신 그들을 또한 부르시고 부르신 그들을 또한 의롭다 하시고 의롭다 하신 그들을 또한 영화롭게 하셨느니라

로마서 8:26~30

영적 새 틀 인생

우리는 완전히 해방된 존재입니다. 우리가 어떤 상황에 처하더라도 이 사실만은 놓치지 말아야 합니다. 사도 바울은 로마서 8장을 통해 우리의 삶을 완벽하게 보장하시는 성령의 역사를 강조했습니다. 그렇기 때문에 이 로마서 8장을 일컬어 '성령장'이라고도 합니다. 사도 바울은 성령을 하나님의 영, 그리스도의 영이라는 표현을 사용하면서 그리스도의 영이 없으면 그리스도의 사람이 아니라고 말했습니다. 또 하나님의 영으로 인도함을 받는 사람이 바로 하나님의 아들이며, 성령께서 친히 우리가 하나님의 자녀인 것을 증언하신다고 말했습니다.

그리고 여기서 더 나아가 우리가 하나님의 상속자로서의 영적 지위를 가지고 있음을 강조했습니다. 상속자가 무엇입니까? 아버지가 가지고 있는 것을 모두 물려받은 존재입니다. 여러분의 아버지가 누구십니까? 온 천하만물의 주인이신 창조주 하나님이십니다. 그러면 무엇을 더 바랄 것이 있습니까? 혹시 '지금 내 손에 실제로 주어진 것이 없는데… 당장 내 손에 현

찰 몇 억이라도 있으면 몰라도…'라는 생각을 하는 분이 있습니까? 만약 그렇다면 그 분은 아직도 창세기 3장, 6장, 11장의 옛 틀에 갇혀있는 것입니다. 자기 중심, 물질 중심, 세상 성공 중심에 잡혀 있으면 한 걸음도 영적 성장을 이룰 수 없습니다.

신앙생활을 하면서 영적 성장을 하느냐 못 하느냐는 것은 영적 시선을 어디에 두느냐에 따라 달라지게 되어있습니다. 똑같은 문제와 사건 앞에서도 사람들의 영적 시각은 천차만별입니다. 예를 들면 아무리 금이 많이 나오는 금광이라고 해도 실제 채굴 과정에서는 금보다 흙과 돌이 더 많이 나옵니다. 그런데 사람들은 그 안에서 금을 조금만 발견해도 그곳을 금광이라고 하지 흙산이나 돌산이라고 말하지 않습니다. 그런데 영적인 삶에서는 많은 사람들이 거꾸로 된 삶을 삽니다. 금을 바라보지 못하고 오히려 흙과 돌만 바라보는 삶을 삽니다. 문제와 사건 앞에 다 속고 있습니다. 보화 되신 예수 그리스도가 아니라 흙과 돌같은 세상의 서론적인 것에 빠져 허우적거리는 것입니다.

여러분은 이러한 것에 속지 마시고 서론인 옛 틀을 다 깨버리시기 바랍니다. 그리스도 예수 안에 있는 내가 하나님 앞에서 얼마나 가치 있는 존재인지 변화된 신분을 사실적으로 체험하는 새 틀 인생을 사시기 바랍니다. 사도 바울은 그리스도 예수 안에 있는 자에게 주어진 놀라운 신분 변화와 함께 앞의 성경 말씀을 통해서는 성삼위 하나님께서 구체적으로 어떻게 우리의 삶을 완벽히 보장하시는지를 보여 주고 있습니다. 이 말씀을 통해 여러분이 성삼위 하나님의 놀라운 역사를 통해 주어진 완벽하게 보장된 인생의 축복 누리고 새로운 시각을 갖게 되기를 축원합니다.

연약함을 도우시는 성령

이와 같이 성령도 우리의 연약함을 도우시나니 우리는 마땅히 기도할 바를 알지 못하나 오직 성령이 말할 수 없는 탄식으로 우리를 위하여 친히 간구하시느니라 마음을 살피시는 이가 성령의 생각을 아시나니 이는 성령이 하나님의 뜻대로 성도를 위하여 간구하심이니라 _로마서 8:26~27

사도 바울은 성령께서 우리의 연약함을 아시고 도우시며 말할 수 없는 탄식으로 우리를 위해 친히 간구하시는 분이심을 밝히고 있습니다. 우리의 부족한 부분을 채우시고, 넘어진 자를 일으키시며, 약한 자를 치유하고 회복시키고, 다시 일어나 믿음의 도전을 할 수 있도록 인도하시는 분이 바로 성령 하나님이십니다. 우리가 연약하다는 것은 단순히 육신의 연약함을 말하는 것이 아닙니다. 근본적으로 인간의 부패하고 타락한 본성, 즉 창세기 3장의 옛 체질로 돌아가려는 죄의 성향을 의미합니다. 성령께서 탄식한다는 말은 '성령과 우리의 관계가 인격적 관계'라는 신학적 전제를 근거로 말씀하는 것입니다. 성령께서 인격적으로 역사하여 마치 옆에 한 사람이 있듯이 우리를 권면하시고 깨닫게 하시고 탄식하시기도 하십니다.

초대교회 시절에는 성령의 별명이 어머니의 영이었다고 합니다. 마치 어머니처럼 우리 삶의 일거수일투족을 관심을 가지고 챙겨주시기 때문입니다. 우리가 볼 것을 못 보고 서론적인 것에 매일 때 성령께서 탄식하십니다. 앞의 성경 말씀에 나오는 '기도할 바를 알지 못한다'는 것은 기도의 제목을 잘못 잡았다는 말입니다. 우리가 잘못된 방향으로 간구할 때 올바른 방향으로 가도록 성령께서 친히 간구하신다는 것입니다. 여기서 우리가 착각할 수 있는 것이 '성령께서 나를 대신해 기도해주시니까 나는 이제부터 기도 안 해도 되겠다'고 생각하는 것입니다. 성령께서 우리 연약함을 도우신다는 말은 '짐을 거들어준다'는 의미입니다. 우리 짐을 없애는 것이 아니라 같이 들어주는 것입니다. 즉 우리가 해야 할 부분이 있다는 말씀입니다. 그러니 우리는 정시, 무시로 강단 메시지를 붙잡고 언약기도를 해야 합니다.

기도에 대해서는 매우 다양한 정의가 있습니다. 그 중에서 제가 볼 때 가장 중요한 핵심 정의는 '성령 하나님과의 동행'입니다. 기도는 성령 하나님과의 동행입니다. 성령 하나님께서 내 안에 거하시고, 내 삶을 인도하시고, 내 삶의 주관자 되심을 체험하는 것입니다.

이진희 목사가 쓴 「광야를 읽다」라는 책이 있습니다. 이 책에서 저자는 "인생은 산을 오르는 것이 아니라, 광야를 지나가는 것"이라고 말했습니다. 광야 길을 가는 것과 산을 오르는 것은 너무나 다릅니다. 산은 정상이

보입니다. 그러나 광야는 끝이 보이지 않습니다. 어떤 것이 인생입니까? 산은 어떻게 올라가야 할지, 어느 길로 올라가야 하는지 대개 정해져 있습니다. 그러나 광야는 길이 없습니다. 산은 전체가 한눈에 들어옵니다. 그러나 광야는 그렇지 않습니다. 산에 오를 때는 혼자 가도 됩니다. 그러나 광야에 들어갈 때는 절대로 혼자 들어가서는 안 됩니다. 그런데 이러한 광야를 마치 산에 오르는 것처럼 살아가니 인생이 힘들고 혼란스러운 것입니다. 변화무쌍한 광야의 삶 속에 쉽게 넘어지고 무너질 수밖에 없는 연약한 존재가 인간입니다.

그런데 하나님의 자녀는 다릅니다. 주의 성령께서 이런 연약함을 아시고 우리와 함께하시며 우리의 삶을 완벽하게 보호하고 계시기 때문입니다. 가장 강력한 배경이 되시는 것입니다. 이 책을 읽는 여러분은 하나님의 뜻대로 우리를 위하여 친히 간구하시는 성령 하나님의 놀라운 임재를 체험하며 성령의 사람이 다 되시기를 축원합니다.

합력하여 선을 이루시는 하나님

사도 바울은 로마서 8:26~27에서 성령께서 우리의 연약함을 도우시기 위해 친히 간구하시는데 무엇보다 하나님의 뜻이 우리의 삶의 현장에서 실제로 이루어지도록 간구하신다는 사실을 강조하고 있습니다. 이렇게 나타난 결과가 바로 유명한 다음의 성경 말씀입니다.

우리가 알거니와 하나님을 사랑하는 자 곧 그의 뜻대로 부르심을 입은 자들에게는
모든 것이 합력하여 선을 이루느니라 _로마서 8:28

 우리의 삶을 완벽히 보장하신다는 확신에 찬 사도 바울의 고백이며 우리에게 참된 위로와 힘을 주는 말씀입니다. 하나님의 부르심을 받은 우리에게는 모든 것이 합력하여 선을 이루게 되어있습니다.

 하나님은 우리에게 최선의 응답을 주시는 분이심을 믿으시기 바랍니다. 과거에 많은 실패 속에 있었습니까? 하나님의 뜻대로 부르심을 받은 여러분에게는 문제가 되지 않습니다. 지금도 고난 가운데 있습니까? 어려움 속에 있습니까? 염려, 걱정으로부터 완전히 자유하시기 바랍니다. 하나님께서 우리 삶의 모든 경험을 가지고 그것이 좋은 경험이든 좋지 않은 경험이든 상관없이 하나님의 선을 이루어 가실 것이기 때문입니다.

 앞의 성경 말씀에서 말하는 하나님의 선에는 특별한 의미가 있습니다. '모든 것이 합력하여 선을 이룬다'는 것을 만사형통으로 생각하면 안 됩니다. 그런 수준이 아닙니다. 본문에서 사용된 '선'은 헬라어로 '아가토스'라고 하는데, 하나님의 목적과 계획을 담고 있습니다. 이와 동일한 의미를 담고 있는 히브리어는 '토브'입니다. 토브는 창세기 1:4에 처음 나오는데 '하나님이 보시기에 좋았더라'에 사용되었습니다. 쉽게 설명하면 하나님

의 계획대로 되었다는 것입니다. '모든 것을 합력하여 선을 이룬다'라는 것도 하나님의 계획대로 이루어진다는 것을 말합니다. 하나님께서 하나님의 뜻과 계획대로 우리의 삶을 이끌어 가신다는 것입니다.

사도 바울은 당시 극심한 고난 가운데 있던 로마교회 성도들에게 참된 소망을 전달하고 있었습니다. 모든 길이 로마로 통한다는 말이 있듯이 세상의 모든 것이 로마 중심으로 이루어진 것처럼 보이지만, 그것이 아니라는 말씀입니다. 영적인 눈을 열고 보면 모든 것이 하나님 중심으로 진행된다는 것입니다. 그래서 결코 실망하거나 낙담하거나 좌절할 이유가 없습니다. 결국 모든 것이 합력하여 하나님의 뜻대로 이루어지기 때문입니다.

그렇다면 이런 하나님의 뜻과 계획이 궁극적으로 지향하는 것이 무엇이겠습니까? 다음의 성경 말씀에 그 답이 나와 있습니다.

하나님이 미리 아신 자들을 또한 그 아들의 형상을 본받게 하기 위하여 미리 정하셨으니 이는 그로 많은 형제 중에서 맏아들이 되게 하려 하심이니라 또 미리 정하신 그들을 또한 부르시고 부르신 그들을 또한 의롭다 하시고 의롭다 하신 그들을 또한 영화롭게 하셨느니라 _로마서 8:29~30

이 말씀은 예수 그리스도를 통해 택함을 받은 하나님의 자녀가 어떻게 영생의 축복 속으로 들어가는지를 잘 보여 줌과 동시에 우리가 이 땅에서 어떤 삶을 살아야 하는지를 보여 주는 말씀이기도 합니다. 하나님께서는 우리를 미리 택정하시고 우리를 부르셨습니다. 그리고 예수 그리스도를 통해 의롭다 하시고 장차 영화로운 삶으로 우리를 완벽하게 인도하신다는 것입니다. 그러니 모든 걱정, 근심, 염려에서 완전히 벗어나서 완벽히 보장된 인생의 축복을 누리라는 것입니다.

 특히 하나님께서 우리를 예수 그리스도의 형상을 본받게 하기 위하여 미리 택정하셨다고 밝히고 있습니다. 예수 그리스도를 닮아가는 것이 바로 우리가 이 땅에 살면서 하나님의 뜻과 계획을 이루는 삶입니다. 오직 그리스도, 오직 하나님 나라, 오직 성령 충만의 삶으로 각인, 뿌리, 체질화되는 삶이 바로 하나님의 뜻과 계획입니다. 우리를 통해 오직 그리스도가 증거될 때 하나님의 나라가 확장되는 삶의 축복을 맛보게 되어있는 것입니다. 이 책을 읽는 여러분이 각자의 현장에서 생명 살리는 하나님의 선을 이루는데 일심, 전심, 지속적으로 쓰임 받는 증거가 있기를 주님의 이름으로 축원합니다.

보장된 미래

 마틴 로이드 존스 목사는 로마서 8장의 말씀에 대해 이런 고백을 했습니다. "나는 로마서 8장의 주제가 그리스도인의 성화에 대하여 말하려는 것이 아니라 그리스도인의 시큐리티(Security) 즉 안전에 대해 말하는 것이라고 담대히 말하고 싶습니다."

 맞는 말입니다. 죄로부터 완전히 법적으로 해방된 우리에게 영원한 생명
에 대한 안전 보장 장치가 다 되어있습니다. 한마디로 완벽히 보장된 인생
이라는 것입니다. 여러분은 이렇게 완벽하게 보장된 미래를 바라보며 누리
는 삶을 사시기 바랍니다. 성령께서 우리의 연약함을 도우시고 우리를 위
하여 친히 간구하신다는 영적 배경을 놓치지 마시기 바랍니다. 모든 것을
합력하여 선을 이루시는 하나님의 특별 은혜를 충만히 체험하시기 바랍니
다. 그래서 가는 발걸음마다 하나님의 스케일을 체험하며, 멋진 인생 작품
을 만드는 증거가 있기를 주님의 이름으로 축원합니다.

환난 날에 나를 부르라 내가 너를 건지리니
네가 나를 영화롭게 하리로다
-시편 50:15

5

감사로 충만한 인생

³¹그런즉 이 일에 대하여 우리가 무슨 말 하리요 만일 하나님이 우리를 위하시면 누가 우리를 대적하리요 ³²자기 아들을 아끼지 아니하시고 우리 모든 사람을 위하여 내주신 이가 어찌 그 아들과 함께 모든 것을 우리에게 주지 아니하겠느냐 ³³누가 능히 하나님께서 택하신 자들을 고발하리요 의롭다 하신 이는 하나님이시니 ³⁴누가 정죄하리요 죽으실 뿐 아니라 다시 살아나신 이는 그리스도 예수시니 그는 하나님 우편에 계신 자요 우리를 위하여 간구하시는 자시니라 ³⁵누가 우리를 그리스도의 사랑에서 끊으리요 환난이나 곤고나 박해나 기근이나 적신이나 위험이나 칼이랴 ³⁶기록된 바 우리가 종일 주를 위하여 죽임을 당하게 되며 도살 당할 양 같이 여김을 받았나이다 함과 같으니라 ³⁷그러나 이 모든 일에 우리를 사랑하시는 이로 말미암아 우리가 넉넉히 이기느니라 ³⁸내가 확신하노니 사망이나 생명이나 천사들이나 권세자들이나 현재 일이나 장래 일이나 능력이나 ³⁹높음이나 깊음이나 다른 어떤 피조물이라도 우리를 우리 주 그리스도 예수 안에 있는 하나님의 사랑에서 끊을 수 없으리라

로마서 8:31~39

행복의 출발선

 우리는 인생에서 처음 것에 대해 많은 의미를 부여합니다. 결혼해서 첫 자녀를 얻게 되는 날, 학교 입학해서 첫 수업을 하는 날, 취직해서 첫 출근을 하는 날, 사업장을 개업하는 날 등이 바로 그렇습니다. 이때의 마음은 순수하고 열정이 가득 차 있게 마련입니다. 영적인 삶도 마찬가지입니다. 하나님을 처음 만났을 때, 예수 그리스도의 십자가 대속과 부활을 통해 주어진 구원의 축복을 처음 맛보았을 때, 처음 직분을 받았을 때, 그때의 순수한 마음과 하나님을 향한 열정을 다시금 새기며 감사하는 삶이 중요합니다.

 이런 말이 있습니다.

"아침마다 감사로 눈 뜨는 사람은 행복의 출발선에서 하루를 시작한다. 하지만 눈을 뜰 때 죽겠네 하면서 몸부림치는 사람은 불행의 출발선에서 하루를 시작하게 된다."

 여러분은 하루를 어떻게 시작하고 있습니까? 여러분 모두는 행복의 출발선에서 하루를 시작하는 감사의 인생이 되기를 바랍니다.

 하나님께서는 우리에게 이미 하나님 자녀로서의 축복을 주셨습니다. 이 영적 축복이면 다 끝난 것입니다. 더 이상 바랄 것이 없어야 합니다. 이 번 챕터의 제목처럼 '감사로 충만한 인생'을 사는 것이 지극히 당연합니다. 사도 바울은 앞의 성경 말씀을 통해 우리가 감사로 충만한 인생을 살아야 할 당연성, 필연성, 절대성의 이유를 밝히고 있습니다. 이 책을 읽는 여러분은 인생에서 어떤 풍랑이 몰아쳐 와도 그것을 다 뛰어넘어 영적 비상할 분명한 이유를 붙잡고 감사로 충만한 인생이 되시기를 주님의 이름으로 축원합니다.

넉넉히 이기는 삶

그런즉 이 일에 대하여 우리가 무슨 말 하리요 만일 하나님이 우리를 위하시면 누가 우리를 대적하리요 _로마서 8:31

"그런즉 이 일에 대하여 우리가 무슨 말 하리요"라는 이 말씀은 구원에 대해 극도로 기쁜 감정을 표현한 것입니다. 이렇게 좋은 구원을 주신 하나님에게 더 이상 무슨 할 말이 있겠냐는 말씀입니다. 바울은 계속해서 역설적인 표현을 사용하면서 하나님께서 우리에게 주신 구원의 완전함을 강조했습니다. "만일 하나님이 우리를 위하시면 누가 우리를 대적하리요"라는 말씀은 그 어느 누구도 우리를 대적할 수 없다는 것입니다. 그 어느 누구도 우리로부터 구원의 놀라운 축복을 빼앗아 갈 수 없습니다. 그러니 구원의 확신과 승리의 확신을 가지고 멋있게 살라는 것입니다.

특히 로마서 8:37을 보면 "그러나 이 모든 일에 우리를 사랑하시는 이로 말미암아 우리가 넉넉히 이기느니라"라고 강조했습니다. 겨우겨우 근근이 이기는 것이 아닙니다. 넉넉히 이기는 것입니다. 변함없는 하나님의 사랑 속에 우리가 있기 때문에 사탄이 어떤 공격을 한다고 해도 우리는 분명히 승리한다는 것입니다. 예수 그리스도께서 십자가 상에서 이미 모든 문제를 다 해결하시고 사탄의 머리를 박살 내 버리셨기 때문에 가능한 것입니다. 사탄은 이빨 빠진 호랑이, 종이호랑이입니다. 그런데 많은 성도들이 이 사실을 놓친 채 속고 있습니다. 하나님의 절대 주권을 확실히 믿고 넉넉한 승리자의 삶을 사시기 바랍니다.

자기 아들을 아끼지 아니하시고 우리 모든 사람을 위하여 내주신 이가 어찌 그 아들과 함께 모든 것을 우리에게 주시지 아니하겠느냐 _로마서 8:32

하나님께서 우리를 위해 자기 아들을 내어놓으셨다는 것은 하나님이 가장 귀히 여기시던 것을 내어주셨다는 것입니다. 이렇게 엄청난 희생을 치르실 정도로 하나님의 사랑은 영원불변합니다. 또 한편으로는 자기의 독생자까지 내어주신 분이 다른 어떤 것인들 우리에게 주시지 않겠느냐는 말씀입니다. 여기서 우리는 기도 응답의 확신을 발견할 수 있습니다. 하나님께서는 이미 우리를 위해 모든 것을 다 예비하시고 준비하시고 계십니다. 그것도 최선의 것으로 준비하고 계십니다.

일본의 신학자 우찌무라 간조(內村鑑三)가 임종을 앞두고 이런 감사의 고백을 드렸습니다.

"하나님께서 내 기도를 들어주시지 아니한 것을 감사합니다. 내가 원하는 대로 다 되었더라면 나는 아무짝에도 쓸모없는 사람이 됐을 것입니다."

여러분, 내 뜻대로 안 된 것이 오히려 하나님의 사랑이라는 말입니다. 여기에 더 깊은 사랑이 담겨 있는 것이고, 궁극적으로 모든 것을 합력하여 선을 이루시는 분이 하나님이심을 절대 확신하는 삶을 살라는 것입니다.

누가 능히 하나님께서 택하신 자들을 고발하리요 의롭다 하신 이는 하나님이시니 누가 정죄하리요 죽으실 뿐 아니라 다시 살아나신 이는 그리스도 예수시니 그는 하나님 우편에 계신 자요 우리를 위하여 간구하시는 자시니라 _로마서 8:33~34

하나님께서 택하셔서 의롭다 하신 자들에 대해서 어느 누구도 시비를 걸 수 없다고 말씀하고 계십니다. 사죄의 확신을 볼 수 있는 말씀입니다. 의롭다 하심을 받은 자는 어느 누구도 정죄할 수 없는 분명한 근거를 가지고 사는 사람입니다. 하나님께서 의롭다고 하셨는데 무슨 말이 더 필요하겠습니까? 의롭다 하신 분이 하나님이라는 사실 앞에 그 어떤 고발도 다 무력화되는 것입니다.

요한계시록 12:10에 보면 사탄을 일컬어 우리를 하나님 앞에서 밤낮 참소하던 자라고 밝히고 있습니다. 그리고 요한1서 2:1에 보면 "만일 누가 죄를 범하여도 아버지 앞에서 우리에게 대언자가 있으니 곧 의로우신 예수 그리스도시라"라고 말씀하고 있습니다. 사탄이 각종 죄목으로 우리를 고소하더라도 예수님께서 십자가라는 한마디만 하시면 모든 죄가 다 사해지는 것입니다. 사탄이 우리를 고소하지만 예수 그리스도의 십자가 보혈 앞에 완전 무력화되고 맙니다. 우리 인생의 모든 문제를 해결하시고 부활 승천하신 예수 그리스도는 지금도 하나님 우편에 앉아 우리를 위해 간구하시는 분이심을 로마서 8:34에 분명히 밝히고 있습니다. 우리를 하나님이 원하시고 기뻐하시는 방향으로 인도하고 계시는 것입니다.

앞의 성경 말씀에는 이처럼 5가지 확신의 삶이 다 담겨 있습니다. '구원의 확신, 기도응답의 확신, 사죄의 확신, 인도의 확신, 승리의 확신' 이 5가지 절대 확신을 가지고 있으면 우리의 삶은 넉넉히 이기는 삶을 살 수밖에 없는 것입니다. 여러분이 이 5가지 절대 확신의 축복 가운데 넉넉히 이기는 승리자의 삶을 사시기를 주님의 이름으로 축원합니다.

결코 끊을 수 없는 하나님의 사랑

누가 우리를 그리스도의 사랑에서 끊으리요 환난이나 곤고나 박해나 기근이나 적신이나 위험이나 칼이랴 기록된 바 우리가 종일 주를 위하여 죽임을 당하게 되며 도살 당할 양 같이 여김을 받았나이다 함과 같으니라 그러나 이 모든 일에 우리를 사랑하시는 이로 말미암아 우리가 넉넉히 이기느니라 _로마서 8:35-37

사도 바울은 그 어떤 것도 우리를 그리스도의 사랑에서 끊을 수 없다고 강조했습니다. 그러면서 이런 놀라운 사랑으로부터 단절된 것처럼 속이는 요소들을 7가지로 언급했습니다. 환난은 외적인 환경에서 가해오는 고난과 고통을 말합니다. 곤고는 마음의 극심한 걱정과 불안을 의미합니다. 박해는 예수 그리스도 때문에 받는 모든 고난입니다. 기근은 굶주림이고 적신은 벌거벗은 몸, 즉 헐벗음을 말합니다. 그리고 위험과 칼은 각종 신변의 위협과 죽임을 당하는 것을 의미합니다.

그러나 바울은 우리가 그리스도의 사랑에서 끊어진 것과 같은 핍박과 환란 속에 있을지라도 그것은 결코 끊어진 것이 아님을 밝히고 있습니다. "우리를 사랑하시는 이로 말미암아 우리가 넉넉히 이기느니라" 모든 것을 뛰어넘어서 최후의 승리를 얻게 되는 존재가 바로 우리입니다. 바울은 빌립보서 1:6에서도 "너희 안에서 착한 일을 시작하신 이가 그리스도 예수의 날까지 이루실 줄을 우리는 확신하노라"라고 강조했습니다. 우리의 삶을 끝까지 완벽하게 책임지시는 하나님의 사랑에 감사해야 합니다.

우리는 로마서 8장에서 세 가지 중요한 선언을 기억하면 됩니다.

그러므로 이제 그리스도 예수 안에 있는 자에게는 결코 정죄함이 없나니 이는 그리스
도 예수 안에 있는 생명의 성령의 법이 죄와 사망의 법에서
너를 해방하였음이라 _로마서 8:1~2

우리가 알거니와 하나님을 사랑하는 자 곧 그의 뜻대로 부르심을 입은 자들에게는
모든 것이 합력하여 선을 이루느니라 _로마서 8:28

내가 확신하노니 사망이나 생명이나 천사들이나 권세자들이나 현재 일이나 장
래 일이나 능력이나 높음이나 깊음이나 다른 어떤 피조물이라도 우리를 우리 주 그리
스도 예수 안에 있는 하나님의 사랑에서 끊을 수 없으리라 _로마서 8:38~39

이 세 가지 영적 선언문 속에 신앙생활의 모든 것이 다 들어있습니다. 이
세 가지만 붙잡으면 여러분이 어떤 환경 속에 있더라도 감사로 충만한 삶
을 살 수 있습니다. 특히 이 세 번째 선언인 로마서 8:38~39 말씀은 로마
서 8장이 구원과 환희의 장임을 보여주는 말씀입니다. 마치 막혀있던 모든
문제가 뻥 뚫리는 것 같은 영적인 카타르시스를 주는 선언입니다. 결코 끊
을 수 없는 하나님의 사랑에 감사하시기 바랍니다.

갓난아이가 태어날 때 미친 듯이 웁니다. 왜 그렇게 우는 줄 아십니까? 그
것은 바로 '밥줄이 끊어져서'라는 말이 있습니다. 탯줄이 떨어져 밥줄이 끊

긴 아기가 생존의 위협을 느껴서 미친 듯이 우는 것이라는 이야기입니다. 그런데 재미있는 것은 우리가 평생 밥줄을 걱정하고, 밥줄이 끊기지 않으려고 발버둥치는 삶을 산다는 것입니다. 우리는 이런 서론적인 삶에서 벗어나야 합니다. 왜냐하면 우리는 영원히 끊어지지 않는 생명줄을 가지고 있기 때문입니다. 그 어떤 것도 우리를 그리스도 예수 안에 있는 하나님의 사랑에서 끊을 수 없습니다. 여러분 모두가 이런 절대 확신의 삶을 살아가게 되시기를 주님의 이름으로 축원합니다.

이미 모든 것을 주신 하나님

탈무드에 이런 이야기가 있습니다. 한 부부가 의견 충돌로 사사건건 다투다가 급기야는 이혼하기로 합의했습니다. 두 사람은 모든 것을 공평하게 반씩 나누어 갖기로 했습니다. 그런데 재산은 반씩 나눠서 문제가 없는데 생각지도 못한 문제가 생겼습니다. 자녀가 열한 명이었던 것입니다. 서로 더 많은 자녀를 맡겠다고 주장하는 바람에 타협이 되지 않았습니다. 그래서 마을에서 존경받는 랍비를 찾아가서 사정을 이야기했습니다. 그러자 랍비가 "하나 더 낳을 때까지 살아라."라고 말했습니다. 두 사람은 랍비의 말을 듣고 실행에 옮겼습니다. 그런데 이게 웬일입니까? 아이를 낳았는데 쌍둥이를 낳은 것입니다. 부부는 결국 이혼하지 말고 함께 살라는 것이 하나님의 뜻임을 깨닫고 서로의 주장을 내려놓고 다시 행복한 삶을 살

앉다는 이야기입니다.

 제가 이 말씀을 드리는 이유가 있습니다. 하나님께서 우리에게 모든 것을 이미 다 주셨으므로 우리의 생각과 영적 시각이 정말 중요하다는 것입니다. 로마서 8장의 말씀을 찬찬히 들여다보면 이보다 더 무엇을 보장해 주어야 너희가 감사하겠느냐고 하나님께서 우리에게 물으시는 것만 같습니다. 여러분, 옛 틀에서 벗어나 모든 것에 감사로 충만한 새 틀 인생을 사시기 바랍니다. 넉넉히 이기는 삶, 결코 끊을 수 없는 하나님의 사랑을 충만히 체험하며 멋진 인생 작품을 만들어 가시기를 주님의 이름으로 축원합니다.

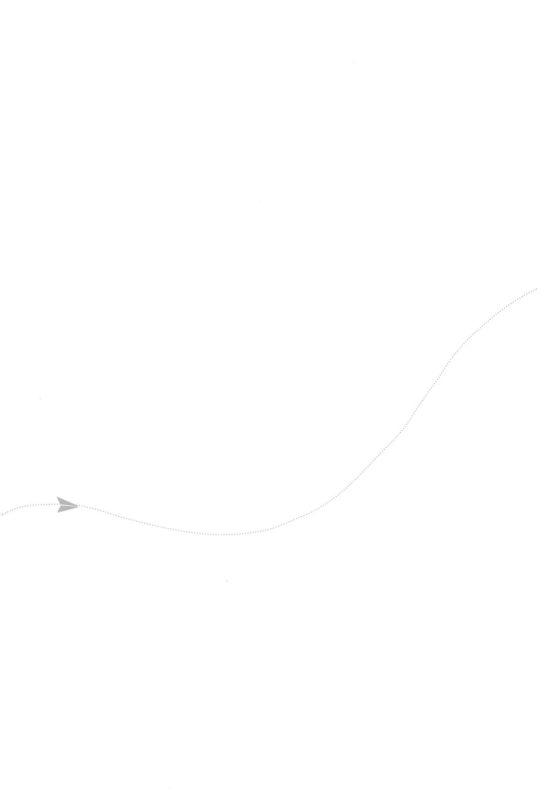

II 축복을 누리는 삶

이 모든 일에 우리를 사랑하시는
이로 말미암아 우리가 넉넉히 이기느니라
- 로마서 8:37

1

풍성한 삶의 비결

¹⁰내가 주 안에서 크게 기뻐함은 너희가 나를 생각하던 것이 이제 다시 싹이 남이니 너희가 또한 이를 위하여 생각은 하였으나 기회가 없었느니라 ¹¹내가 궁핍하므로 말하는 것이 아니니라 어떠한 형편에든지 나는 자족하기를 배웠노니 ¹²나는 비천에 처할 줄도 알고 풍부에 처할 줄도 알아 모든 일 곧 배부름과 배고픔과 풍부와 궁핍에도 처할 줄 아는 일체의 비결을 배웠노라 ¹³내게 능력 주시는 자 안에서 내가 모든 것을 할 수 있느니라 ¹⁴그러나 너희가 내 괴로움에 함께 참여하였으니 잘하였도다 ¹⁵빌립보 사람들아 너희도 알거니와 복음의 시초에 내가 마게도냐를 떠날 때에 주고 받는 내 일에 참여한 교회가 너희 외에 아무도 없었느니라 ¹⁶데살로니가에 있을 때에도 너희가 한 번뿐 아니라 두 번이나 나의 쓸 것을 보내었도다 ¹⁷내가 선물을 구함이 아니요 오직 너희에게 유익하도록 풍성한 열매를 구함이라 ¹⁸내게는 모든 것이 있고 또 풍부한지라 에바브로디도 편에 너희가 준 것을 받으므로 내가 풍족하니 이는 받으실 만한 향기로운 제물이요 하나님을 기쁘시게 한 것이라 ¹⁹나의 하나님이 그리스도 예수 안에서 영광 가운데 그 풍성한 대로 너희 모든 쓸 것을 채우시리라 ²⁰하나님 곧 우리 아버지께 세세 무궁하도록 영광을 돌릴지어다 아멘

빌립보서 4:10~20

풍성한 삶의 기쁨

　국가의 공식 행사나 외교적으로 중요한 모임 또는 격식을 갖춘 파티에 갈 때에는 꼭 확인해야 할 것이 있는데 바로 드레스 코드입니다. 모임의 성격, 모이는 사람, 모이는 장소에 따라 입는 의복이 달라집니다. 그래서 상황에 따라서 어떤 자리는 넥타이를 매고, 어떤 자리는 노타이를 합니다. 특히 서양 사회에서는 드레스 코드가 아주 중요한 에티켓입니다. 우리가 신앙생활을 하면서도 꼭 갖추어야 할 것이 있습니다. 그것이 영적 코드입니다. 영적 코드가 맞지 않은 상태에서는 열심히 하면 할수록 문제가 생길 수밖에 없습니다. 그렇다면 어떻게 해야 하나님과 영적 코드를 맞춘 신앙생활을 할 수 있을까요? 바로 강단 메시지를 삶에 체질화 하는 것입니다.

　말씀을 따라가는 신앙생활을 하면 풍성히 누리는 삶을 살아가게 됩니다. 혹시 신앙생활을 하면서도 걱정과 근심 속에 살아가고 있지는 않습니까? 염려는 불안을 만들어내며 우울증이 오게끔 만듭니다. 그러므로 염려와 불안은 하나님께 기도로 맡기시기 바랍니다. 지금부터 우울증과 불안과 염려는 끝입니다. 우리가 전혀 염려하지 말아야 할 이유가 어디에 있습니까? 바로 전능자 하나님께서 온전히 책임지시기 때문입니다. 아무 것도 염려하지 말고 그리스도 예수 안에서 오직 기도로 평강의 하나님이 함께하시는 축복을 누리시기 바랍니다.

이번 챕터에서는 하나님께서는 주시는 응답을 풍성히 누리는 삶에 대해 이야기할 것입니다. 사도 바울은 빌립보서를 마무리하면서 빌립보교회 성도들에게 어떻게 하면 풍성한 삶을 살 수 있는지 그 영적 비밀을 가르쳐주고 있습니다. 그러면서 풍성한 삶의 근원은 하나님께 있다는 사실을 강조합니다. 그리고 그 통로는 바로 예수 그리스도라는 사실을 이야기하고 있습니다. 이를 통해 여러분 모두가 어떠한 환경과 형편 속에서도 아무 것도 염려하지 말고 풍성한 삶의 기쁨을 맛보게 되시길 주님의 이름으로 축원합니다.

능력 주시는 그리스도

내가 주 안에서 크게 기뻐함은 너희가 나를 생각하던 것이 이제 다시 싹이 남이니 너희가 또한 이를 위하여 생각은 하였으나 기회가 없었느니라 내가 궁핍하므로 말하는 것이 아니니라 어떠한 형편에든지 나는 자족하기를 배웠노니 나는 비천에 처할 줄도 알고 풍부에 처할 줄도 알아 모든 일 곧 배부름과 배고픔과 풍부와 궁핍에도 처할 줄 아는 일체의 비결을 배웠노라 _빌립보서 4:10~12

바울이 지금 빌립보교회 성도들에게 감사의 표현을 하고 있습니다. 빌립보교회는 감옥에 갇힌 바울을 섬기기 위해 에바브로디도 편에 헌금을 보냈는데, 그것이 자신에게 얼마나 힘이 되고 기쁨과 격려가 되었는지를 바울이 다시 한번 감사한 내용입니다. 그런데 본질적으로는 지금 빌립보교회 성도들이 영적으로 전도자를 도울 만큼 성장했다는 사실에 대해서 바울이 더 기쁜 마음이 넘쳐나고 있다는 것입니다.

그 사람이 얼마나 자랐는가를 볼 수 있는 척도 중 하나는 자기중심에서 벗어나 다른 사람을 얼마나 생각할 줄 아느냐를 보는 것입니다. 예수님께서도 "물질이 있는 곳에 네 마음도 있다."라고 말씀하셨습니다. 사람이 그렇게 가장 소중하게 생각하는 물질을 복음을 위해 드린다는 것은 그만큼 영적으로 성장했다는 것입니다. 물질 중심의 삶에서 벗어나 하나님 나라 확장에 우선순위를 두고, 세상 성공이 아니라 생명 살리는 하나님의 뜻과 계획에 올인하고 있다는 것을 의미합니다. 여기에서 영적 성장이 일어나게 됩니다. 여러분, 자신을 넘어서 다른 영혼을 살리기 위한 믿음의 도전을 하시기 바랍니다.

사도 바울은 빌립보교회 성도들의 영적 성장에 대한 기쁨과 함께 어떤 상황 속에서도 풍성한 기쁨을 누리는 삶에 대해 언급했습니다. 그것이 바로 자족의 삶입니다. 빌립보서 4:11~12를 보면 "어떠한 형편에든지 나는 자족하기를 배웠노니 나는 비천에 처할 줄도 알고 풍부에 처할 줄도 알아 모든 일 곧 배부름과 배고픔과 풍부와 궁핍에도 처할 줄 아는 일체의 비결을 배웠노라"라고 말하고 있습니다. '자족한다'는 말은 스스로 만족한다는 의미입니다. 만족의 '만'자는 찰 滿자로 꽉 차 있다는 뜻입니다. 그러면 무엇으로 꽉 차 있어야 만족할 수 있습니까? 대부분 사람들은 돈으로 꽉 차 있으면 만족할 것이라고 말할 것입니다. 어떤 사람은 명예와 권력, 지식을 말할 것입니다. 또 병으로 힘든 분들은 건강해지기만 하면 만족할 것이라고 말할 지도 모르겠습니다. 하지만 이런 내용들은 인간에게 결코 절대적인 만족을 줄 수가 없습니다.

사도 바울이 앞의 말씀을 통해 강조하는 자족은 하나님의 은혜에 만족한다는 의미를 담고 있습니다. 하나님의 은혜가 자신의 삶 속에 충만히 흘러 넘치고 있기 때문에 어떤 형편에 처해 있든지 간에 감사하고 참 평안을 누릴 수 있다는 고백입니다. 나의 나 된 것이 하나님의 은혜로 된 것이라는 은혜의식이 바울의 삶을 주도하고 있었기 때문에 삶의 모든 환경도 은혜의 눈으로 바라볼 수 있었던 것입니다.

재미있는 것은 사도 바울도 이런 자족의 삶을 살게 된 것이 어느 날 갑자기 된 것이 아니라 자신이 체험을 통해 배웠다고 표현했습니다. 앞의 성경 말씀을 보면 "자족하기를 배웠노니", "일체의 비결을 배웠노라"라고 말합니다. 여기서 배웠다는 표현은 원어로 보면 '비밀을 전수받다'라는 의미입니다. 요즘 맛집 탐방 프로그램이 많은데 맛있는 음식점은 다른 곳과는 다른 자신들만의 음식 만드는 비법이 있습니다. 그리고 이런 비법은 자신의 가족이나 수제자 외에는 알려주지 않는 비밀입니다. 그런데 사도 바울은 우리에게 자족할 수 있는 영적 특급 비결을 가르쳐주었습니다.

내게 능력 주시는 자 안에서 내가 모든 것을 할 수 있느니라 _빌립보서 4:13

사도 바울은 내게 능력 주시는 그리스도 안에 있기 때문에 온갖 어려움과 역경, 심지어 죽음까지도 문제가 되지 않는다고 말합니다. 이런 사도 바울의 신앙관과 신학을 한마디로 요약하면 '그리스도 안에서의 신앙'입니다. '그리스도 안에서'라는 것은 '그리스도에게 속하다', '그리스도의 소유가 되었다'는 의미입니다. 예수 그리스도의 죽으심과 부활 영광에 함께 참여하는 자격이 주어졌다는 것입니다. 즉 영원한 미래가 보장되었다는 것입니다. 그러니 염려할 이유도 없고 그리스도 안에만 있으면 그 힘의 능력으로 모든 것을 할 수 있습니다.

마틴 로이드 존스 목사는 사도 바울이 오늘 본문에서 고백한 자족의 상황에 대해 이렇게 의미부여를 했습니다.

"자족은 여러분이 어떤 상황에 처하든 간에 그 상황에 지배당하지 않는 상태이다."

그리스도 예수 안에 있으면 환경에 지배당하지 않게 되어있습니다. 오히려 그리스도 예수 그 힘의 능력, 그 권세로 환경을 지배할 수 있게 되는 것입니다. 여러분 모두가 그리스도 안에서 어떠한 환경과 형편에도 지배당하지 않고 그것을 지배하는 삶을 살며 하나님께서 주신 미션을 완수하는 사명의 완주자가 되시길 주님의 이름으로 축원합니다.

풍성히 채우시는 하나님

빌립보 사람들아 너희도 알거니와 복음의 시초에 내가 마게도냐를 떠날 때에 주고 받는 내 일에 참여한 교회가 너희 외에 아무도 없었느니라 데살로니가에 있을 때에도 너희가 한 번뿐 아니라 두 번이나 나의 쓸 것을 보내었도다 내가 선물을 구함이 아니요 오직 너희에게 유익하도록 풍성한 열매를 구함이라 내게는 모든 것이 있고 또 풍부한지라 에바브로디도 편에 너희가 준 것을 받으므로 내가 풍족하니 이는 받으실 만한 향기로운 제물이요 하나님을 기쁘시게 한 것이라

_빌립보서 4:15~18

바울이 자신의 복음 사역을 위해 기도와 물질로 헌신한 빌립보교회에 대해 감사 인사를 하고 있습니다. 바울이 마게도냐를 떠날 때, 데살로니가에서 사역할 때, 그리고 지금 로마 감옥에 갇혀 있을 때도 빌립보교회 성도들은 중심을 다해서 헌신했습니다.

다음 성경 말씀을 보면 빌립보교회 성도들의 헌신이 어떤 헌신이었는지 아주 잘 보여주고 있습니다.

형제들아 하나님께서 마게도냐 교회들에게 주신 은혜를 우리가 너희에게 알리노니 환난의 많은 시련 가운데서 그들의 넘치는 기쁨과 극심한 가난이 그들의 풍성한 연보를 넘치도록 하게 하였느니라 _고린도후서 8:1~2

여기서 마게도냐 교회들이라고 나와 있는데 마게도냐 지역에 있던 교회들의 대표가 바로 빌립보교회였습니다. 당시 이들의 상황이 여유가 있는 것이 아니었습니다. 그들도 극심한 가난 상태에 있었음을 볼 수 있습니다. 그럼에도 불구하고 이들은 생명 건 헌신을 했습니다. 풍성한 연보를 넘치도록 했는데 그렇게 할 수 있었던 바탕이 무엇이었습니까? 바로 이들에게 넘치는 기쁨이 있었던 것입니다. 그 안에 예수 생명이 있었고 그 예수 생명이 주는 참 축복을 이들이 사실적으로 누렸기 때문에 이런 결단을 할 수 있었습니다.

빌립보서 4:18을 보면 바울은 복음 사역을 위한 이들의 헌신이 결국은 자신을 위한 것이 아니라 하나님을 기쁘시게 한 것이라고, 너희들이 드린 그 생명 건 헌신은 하나님께서 큰 기쁨으로 받으신 향기로운 제물이었다고 표현했습니다. 향기로운 제물이라는 말은 하나님께서 받으셨다는 의미입니다. 여러분이 복음 사역을 위해 드린 물질을 하나님께서는 일일이 다 기억하신다는 사실을 놓치지 마시기 바랍니다.

바울은 빌립보교회 성도들에게 이런 헌신이 결코 헛되지 않는다는 사실을 빌립보서 4:17에 먼저 강조했습니다. 여기에 언급된 '유익, 열매, 풍성'이라는 말의 원어 뜻은 전부 다 상업 용어입니다. 유익이라는 말은 우리에게 익숙한 말로 바꾸면 투자 혹은 예금이라고 할 수 있습니다. 바울이 이런 단어를 쓴 것은 지금 빌립보교회 성도들의 헌신이 결국 영적 투자라는 것입니다. 그것도 확실하게 이익을 만들어주는 투자라는 것입니다. 바울은 이런 영적 투자를 누가 보증하고 계시는지를 마지막으로 강조했습니다.

나의 하나님이 그리스도 예수 안에서 영광 가운데 그 풍성한 대로 너희 모든 쓸 것을 채우시리라 _빌립보서 4:19

놀라운 축복과 확실한 보증의 말씀입니다. 전도자 D. L. 무디는 이 구절을 가리켜서 "그리스도인의 은행, 하나님께서 성도에게 주신 축복의 백지수표"라고 말할 정도로 하나님의 풍성함을 강조했습니다. 여기에 더해 무디는 "은행장은 하나님이시고, 지점장은 그리스도 예수"라고 했습니다. 그리고 "그 은행의 자산은 영광 가운데 풍성한 대로이며 우리의 모든 쓸 것을 대출해 줄 수 있다."라고까지 말했습니다. 우리도 이런 하나님의 풍성함을 볼 수 있어야 합니다.

바울은 에베소서 3:20에서 "우리가 구하거나 생각하는 모든 것에 더 넘치도록 능히 하실 분이 바로 하나님"이라고 고백했습니다. 이는 환경과 형편에 상관없이 풍성한 기쁨의 삶을 사는 배경을 볼 수 있는 말씀입니다. 또 다윗은 시편 23편에서 "여호와는 나의 목자시니 내게 부족함이 없으리로 다"라고 하나님을 찬양했습니다.

여러분도 바울처럼, 다윗처럼 하나님의 능력을 믿으시기 바랍니다. 여러분이 하나님의 능력을 믿을 때 영적 지각변동이 일어납니다. 성령이 역사합니다. 모든 흑암 경제를 사로잡고 있는 사탄의 세력이 꺾이고, 빛의 경제가 임하는 것입니다. 그리고 이런 빛의 경제를 체험하는 바탕에 헌금 경제가 있음을 기억하시기 바랍니다. 여러분 모두가 헌금 경제를 회복하여 풍성히 채우시는 하나님의 산 역사를 체험하게 되시길 주님의 이름으로 축원합니다.

영적 업그레이드

최근 등장한 신조어로 '업글 인간'이라는 말이 있습니다. 업글 인간은 단순한 성공이 아닌 성장을 추구하는 자기 개발형 인간들을 이르는 말입니다. 여기서 업글은 업그레이드의 준말입니다. 업글 인간은 타인과 경쟁해 승리하기 위한 단순한 스펙을 축적하는 것이 아니라 삶 전체의 질적 변화를 추구하는 것은 물론 어제보다 나은 나를 만들어가는 사람을 가리킵니다. 이들이 추구하는 것은 성공이 아닌 성장이며, 남들보다 나은 내가 아니라 어제의 나보다 나은 나입니다.

이 책을 읽는 여러분 모두가 '영적 업글 인간'이 되시기 바랍니다. 다른 사람과 비교하는 것이 아니라 어제의 나보다 오늘의 내가 좀 더 영적으로 업그레이드되는 삶을 살라는 것입니다. 내게 능력 주시는 그리스도 안에 있으면 가능합니다. 우리의 삶의 모든 필요를 풍성히 채우시는 하나님과 함께하면 날로 더욱 새로운 삶을 살게 되는 것입니다. 여러분 모두가 영육간 업그레이드되는 영적 업글 인생을 살아가게 되시길 주님의 이름으로 축원합니다.

염려가 생각을 통제할 때 자신의
엄청난 잠재력을 조금도 발휘할 수 없다.
-존 맥스웰 목사

2

Field Changer

²사랑하는 자여 네 영혼이 잘됨 같이 네가 범사에
잘되고 강건하기를 내가 간구하노라
³형제들이 와서 네게 있는 진리를 증언하되 네가 진리
안에서 행한다 하니 내가 심히 기뻐하노라
⁴내가 내 자녀들이 진리 안에서 행한다 함을 듣는 것보다
더 기쁜 일이 없도다 요한3서 1:2~4

기적을 낳는 감사

 여러분은 왜 교회에 다니게 됐습니까? 하나님께서 여러분을 교회로 부른 까닭은 무엇일까요? 많은 사람 중에서 여러분이 교회에 다니게 된 데에는 다 하나님 계획이 숨겨져 있습니다. 여러분은 교회에서 신앙생활을 하면서 하나님의 계획을 붙잡아야 합니다. 하나님의 부르심을 받아 교회에 와서 예배드리고 훈련받고 강의를 듣는 여러분은 바로 제자입니다. 여러분이 여러분 스스로를 어떻게 생각할지 모르지만 하나님께서는 여러분을 제자로 사용하시기 위해 교회에 부르셨습니다.

 지금의 환경을 보지 마시기 바랍니다. 사업이 어렵고, 직장생활이 어렵고 모든 일이 어려울 수 있습니다. 삶이 힘들고 어려운 것은 하나님께서 여러분의 기도를 들어주지 않으셔서 그런 것이 아닙니다. 여러분이 영적 긴장을 하고, 항상 깨어있도록 하기 위함입니다. 그래서 오직 하나님만을 바라보게 하기 위해서 고난과 고통을 주시는 것입니다.

하나님께서는 여러분이 가난한 심령을 갖게 하기 위해서 문제를 주셨습니다. 그것을 통해 기도제목을 붙잡는 것입니다. 문제가 있다면 그것을 통해 감사함으로 기도제목을 붙잡아야 합니다. 그러면 그 감사를 통해 고난이 축복으로 바뀝니다. 감사는 기적을 낳는다는 사실을 잊어서는 안 됩니다.

영적 지각변동의 주역

현장은 세상 현장과 교회 현장, 이 두 가지로 구분됩니다. 세상 현장은 창세기 3장, 6장, 11장(나 중심, 물질 중심, 성공 중심)과 사도행전 13장, 16장, 19장(점술, 무속, 우상 문화) 그리고 불신자 상태 여섯 가지(마귀의 자식, 우상숭배, 정신문제, 육신의 고통, 죽음과 지옥 심판, 영적인 대물림) 등 열두 가지 문제에 빠져 있습니다. 심지어 교회 안에도 이 세상 현장의 것들이 파고들고 있습니다. 이 열두 가지를 보는 영적 눈이 열려야 현장에서 영적 지각변동을 일으킬 수 있습니다.

이 현장에서 여러분은 구경꾼이 아니라 주역이 돼야 합니다. 예수님께서는 "너희는 세상의 빛"이라고 말씀하셨습니다. 세상이 아무리 물질 중심으로 흘러간다고 하더라도 여러분은 영적인 것에 우선순위를 두는 영적인 사람이 되어야 하는 것입니다. 이를 위해서는 오늘의 말씀, 오늘의 기도, 오늘의 전도(3오늘)를 회복해야 합니다. 3오늘이 우선 해결되지 않으면 영적인 냄새가 나지 않습니다.

영적인 눈을 열고 지금 이 시대를 바라보시기 바랍니다. 영적인 시각으로 세상과 시대를 볼 수 있어야 합니다. 지금의 시대를 일컬어 병자 급증의 시대라고 말하기도 합니다. 육신적인 질병 외에도 정신적인 병, 마음에서 오는 병으로 인한 병자가 급증하고 있습니다. 이러한 시대 상황 속에서 각종 치유 센터와 치유 단체가 난립하고 있습니다. 이른바 치유 혼란의 시대입니다. 하지만 어디서도 정확한 해답을 주지 못하니 개인 재앙의 시대일 수밖에 없습니다.

진정한 치유는 오직 그리스도 안에만 있다는 사실을 깨달아야 합니다. 그렇기 때문에 여러분의 역할이 중요합니다. 영적 비밀을 알고 있는 여러분이 세상에 해답을 주어야 하는 것입니다. 답을 찾지 못하고 헤매는 이들에게 영적인 해답을 주시기 바랍니다.

지금 시대는 전인 치유가 필요한 시대입니다. 영적인 힘을 가지고 위에서 말한 열두 가지 문제에 빠져있는 영혼들을 치유해야 합니다. 영적인 힘을 가진 사람만이 열두 가지 문제를 치유할 수 있습니다. 이 문제에 빠진 이들을 건져낼 유일한 답은 바로 그리스도입니다. 오직 그리스도 외에는 답이 없습니다. 예수님께서는 이 열두 가지 문제를 해결하러 이 땅에 오신 것입니다. 예수 그리스도를 통해 모든 문제를 해결 받는 것이 바로 근본적인 축복입니다.

하나님께서는 여러분이 현장에서 예수 그리스도라는 인생의 해답을 선포하길 원하고 계십니다. 하나님께서는 이 일을 위해 여러분을 부르신 것입니다. 이를 위해서는 여러분 각자의 현장이 있어야 합니다. 그리고 그 현장에서 치유시스템을 갖춰야 합니다. 그래야 현장에서 영적 지각변동을 일으킬 수 있습니다.

여러분의 산업 현장, 직장 현장, 지역 현장에서 말씀 운동을 전개해 나가야 합니다. 여러분의 직장 현장에서 말씀 운동을 지속할 수 있는 장소를 정하고 그곳에서 일단 시작해야 합니다. 한 명이 됐든 두 명이 됐든 직장 현장에서 흑암을 꺾고 그리스도의 빛을 발하겠다는 뜨거운 가슴을 가지고 말씀 운동을 시작해 나가는 것입니다. 이것이 될지 안 될지 걱정할 필요가 없습니다. 일단 불을 켜고 있으면 나머지는 하나님께서 하십니다.

여러분이 회사에서 고작 몇 명이 모여 말씀 운동한다고 가볍게 볼 것이 아닙니다. 여러분이 모여서 하는 기도를 통해 그 지역의 흑암이 꺾이게 됩니다. 복음으로 지역을 장악할 힘이 생기는 것입니다. 그 힘을 가지고 현장에서 복음을 전파하는 것이 바로 캠프입니다. 캠프를 통해 지역의 흑암을 꺾고 복음으로 완전히 장악해 버리는 것입니다.

이렇게 현장에서 말씀 운동을 시작하고 캠프를 열어서 지역을 장악하기 시작하면 그 현장에 일꾼을 세워야 합니다. 일꾼을 현장화 시키는 것입니다. 여러분이 모든 현장에 있을 수는 없습니다. 그렇기 때문에 현장에서 사실적으로 말씀 운동과 전도 운동을 펼칠 일꾼을 세워야 하는 것입니다.

여러분, 연탄 같은 사람이 되시기 바랍니다. 연탄의 특성이 어떻습니까? 연탄은 화끈하게 불이 붙습니다. 그리고 그 불로 인한 열기를 곳곳에 전달합니다. 그리고 마지막으로 잿더미가 되고 나서는 눈 위에 뿌려져 사람들이 실족하지 않도록 합니다. 현장에서 말씀 운동을 펼치고 그리고 일꾼을 세워 현장화 시키고 그 일꾼이 말씀 운동과 전도 운동을 지속해 나가도록 재생산 하는 역할을 여러분이 해야 합니다.

말씀 운동의 목적이 무엇입니까? 바로 현장을 변화시키는 것입니다. 그리고 그것을 통해 제자를 세우는 것입니다. 이 말씀 운동이 효과적으로 진행되기 위해서는 모일 때마다 말씀과 삶을 함께 나눠야 합니다. 말씀을 통해 서로를 치유해 나가야 하는 것입니다. 말씀으로 은혜를 받고, 기도로 능력을 받고 그 힘으로 함께 전도 운동을 펼쳐 나가는 것이 바로 말씀 운동의 방향입니다. 이 일을 해 나가는 것이 영적 지각변동의 주역인 여러분의 사명입니다.

경제적 지각 변동의 주역

영적 지각 변동이 되면 하나님께서는 그 다음으로 경제의 축복을 주십니다.

나의 복음과 예수 그리스도를 전파함은 영세 전부터 감추어졌다가 이제는 나타내신 바 되었으며 영원하신 하나님의 명을 따라 선지자들의 글로 말미암아 모든 민족이 믿어 순종하게 하시려고 알게 하신 바 그 신비의 계시를 따라 된 것이니 이 복음으로 너희를 능히 견고하게 하실 지혜로우신 하나님께 예수 그리스도로 말미암아 영광이 세세무궁하도록 있을지어다 아멘 _로마서 16:25~27

사람이 마땅히 우리를 그리스도의 일꾼이요 하나님의 비밀을 맡은 자로 여길지어다 _고린도전서 4:1

하나님께서는 그리스도의 일꾼, 영적인 비밀을 알고 있는 자에게 경제의 축복을 주십니다. 복음을 위해 생명을 걸자 즉 하나님 앞에 모든 것을 헌신한 이에게 축복을 쏟아 부어 주시는 것입니다. 하나님 앞에 올인하면 하나님께서 다 알아서 하십니다. 신앙생활은 번지점프와 같습니다. 번지점프는 단단한 줄로 묶여 있기 때문에 떨어져도 죽지 않습니다. 모든 것을 걸고 내던져도 하나님께서 단단하게 붙잡아 주시는 것입니다. 살아계신 하나님을 믿으시기 바랍니다.

하나님께서는 여러분의 기도를 듣고 계십니다. 여러분의 헌신을 보고 계십니다. 여러분의 예배와 기도와 헌신을 보고 듣고 계시는 하나님을 통해 축복을 받으시기 바랍니다. 그리고 그 축복을 후대에게 전달하시기 바랍니다. 여러분이 축복을 받게 되면 가정이 축복을 받게 됩니다. 여러분이 축복을 받으면 그것으로 인해 직장이 살고 지역이 살아납니다. 여러분이 복의 근원이기 때문입니다. 여러분은 이미 이 일방적인 축복의 대열에 서 있습니다. 그러니 여러분이 후대에게 이 축복을 전달하시기 바랍니다. 다른 것 하지 말고 이 언약을 전달하시기 바랍니다.

여러분이 이 축복을 온전히 누리기 위해서는 흑암 경제를 복음 경제로 살려야 합니다. 언약적 경제관을 확립해야 하는 것입니다.

네 하나님 여호와를 기억하라 그가 네게 재물 얻을 능력을 주셨음이라 이같이 하심은 네 조상들에게 맹세하신 언약을 오늘과 같이 이루려 하심이니라

_신명기 8:18

하나님께서 너희에게 재물 얻을 능력을 주셨다고 말씀하셨습니다. 이 능력을 얻기 위해서는 언약적 경제관이 필요합니다. 하나님께서 우리에게 재물 얻을 능력을 주신 까닭을 볼 수 있어야 합니다.

이 영적 비밀을 깨닫기 위해서는 하나님 말씀에 근거한 경제관을 가져야 합니다. 여러분의 사업은 언약 성취를 위한 것입니다. 하나님 나라를 위해,

하나님 언약의 성취를 위해 세워진 기업임을 깨달으시기 바랍니다. 그렇다면 어떻게 해야 하나님 언약 성취에 발을 맞춰 나갈 수 있을까요? 하나님께서 교회에 주신 시대적 미션을 이루는 데 쓰임을 받아야 합니다. 교회가 지향하고 나아가려는 방향에 여러분의 경제 방향이 맞춰져야 하는 것입니다. 하나님의 몸 된 교회를 위해, 하나님께서 원하시는 현장에서 여러분의 경제를 드리는 것입니다.

네 하나님 여호와께서 돌보아 주시는 땅이라 연초부터 연말까지 네 하나님 여호와의 눈이 항상 그 위에 있느니라 _신명기 11:12

이 응답을 체험해야 합니다. 여러분이 언약적 경제관을 확립하면 하나님께서 지키고 돌보아 주십니다. 여러분이 이 말씀을 붙잡고 사업 현장이 여호와께서 돌보아 주시는 땅이 되도록 기도하시기 바랍니다. 말씀에 의지하여 그물을 내리면 기적이 일어나는 것을 목격하게 됩니다.

이렇게 언약적 경제를 확립하고 나면 이제 경제 응답의 씨앗을 뿌려야 합니다. 경제 응답의 씨앗이 무엇일까요? 바로 헌금입니다. 씨앗이 뿌려져야 열매가 나게 됩니다.

이것을 조심함은 우리가 맡은 이 거액의 연보에 대하여 아무도 우리를 비방하지 못하게 하려 함이니 _고린도후서 8:20

이 말씀에서 보듯 고린도교회는 거액의 연보 즉 거액의 헌금을 드렸습니다. 그런데 이 헌금을 억지로 드린 것이 아니었습니다.

이렇게 준비하여야 참 연보답고 억지가 아니니라 _고린도후서 9:5

미리미리 기도로 준비해서 하나님께 드렸던 것입니다.

이렇게 성경에 나타나는 헌금에는 풍성함의 의미와 함께, 심고 거둠의 원리가 담겨있습니다. 씨를 뿌리지 않으면 아무것도 거둘 수 없습니다. 여러분이 응답을 받기 위해서는 기도로 심은 것이 있는지, 물질로 심은 것이 있는지, 헌신으로 심은 것이 있는지 한번 살펴보시기 바랍니다.

하나님께서 왜 우리에게 헌금을 요구하실까요? 여러분께 다 돌려주기 위해서입니다. 억지로 하면 하나님께서는 받지 않으십니다. 모두가 어려운 환경이지만 몸 된 교회를 위해 즐거운 마음으로 최선을 다하여 헌신할 때 하나님께 기쁘게 받으시고 갑절의 축복을 돌려주십니다.

예수께서 이르시되 내가 진실로 너희에게 이르노니 나와 복음을 위하여 집이나 형제나 자매나 어머니나 아버지나 자식이나 전토를 버린 자는 현세에 있어 집과 형제와 자매와 어머니와 자식과 전토를 백 배나 받되 박해를 겸하여 받고 내세에 영생을 받지 못할 자가 없느니라 _마가복음 10:29~30

예수님께서는 복음을 위해 헌신한 자는 백배의 결실을 받는다고 말씀하셨습니다. 이 백(100)은 당시 유대인에게 완전수를 뜻하는 것이었습니다. 백배의 결실이란 완전한 결실을 말합니다. 넘치도록 풍성한 결실을 약속하신 것입니다.

오직 너희를 위하여 보물을 하늘에 쌓아 두라 _마태복음 6:20

이는 여러분에게 축복을 주시기 위한 하나님의 음성입니다. 보물을 하늘에 쌓아두시기 바랍니다. 여러분, 영적 전쟁에서 승리하는 비결이 무엇일까요? 그것은 바로 십일조입니다.

만군의 여호와가 이르노라 너희의 온전한 십일조를 창고에 들여 나의 집에 양식이 있게 하고 그것으로 나를 시험하여 내가 하늘 문을 열고 너희에게 복을 쌓을 곳이 없도록 붓지 아니하나 보라 만군의 여호와가 이르노라 내가 너희를 위하여 메뚜기를 금하여 너희 토지 소산을 먹어 없애지 못하게 하며 너희 밭의 포도나무 열매가 기한 전에 떨어지지 않게 하리니 너희 땅이 아름다워지므로 모든 이방인들이 너희를 복되다 하리라 만군의 여호와의 말이니라 _말라기 3:10~12

하나님은 온전히 십일조를 드리는 이들의 재앙을 친히 막아주십니다. 사탄은 늘 십일조를 드리지 못하게 방해합니다. 그러므로 온전한 십일조를 드린다는 것은 사탄과의 영적 전쟁에서 승리한 것과 같습니다. 이렇게 중심을 담아 드릴 때 하나님께서 기쁘게 받으십니다. 온전한 십일조를 드림으로써 풍성하게 채우시는 하나님의 축복을 체험하여 보시기를 바랍니다.

결단성과 방향성

성공하는 사람은 열정과 끈기가 있는 사람입니다. 사업도 마찬가지입니다. 열정과 끈기가 있는 체질로 변화돼야 성공할 수 있습니다. 이는 결단성과 방향성을 가져야 가능합니다.

내가 달려갈 길과 주 예수께 받은 사명 곧 하나님의 은혜의 복음을 증언하는 일을 마치려 함에는 나의 생명조차 조금도 귀한 것으로 여기지 아니하노라

_사도행전 20:24

위의 말씀은 사도 바울의 결단성과 방향성을 아주 잘 나타내고 있습니다. 사도 바울의 방향은 어땠습니까? 위에서 말하는 '내가 달려갈 길'은 하나님의 뜻에 방향 맞추는 것을 의미합니다. 바울은 복음을 증언하는 일에 삶의 방향성을 맞췄습니다. 그리고 '나의 생명조차 귀한 것으로 여기지 않았다'는 것은 단호한 결단성을 말하는 것입니다. 이는 복음에 대한 열정을 말합니다. 부활하신 주님을 만난 바울은 어떤 것도 두렵지 않았습니다. 그래서 결단성과 방향성을 가지고 당당히 순교할 수 있었던 것입니다.

나는 선한 싸움을 싸우고 나의 달려갈 길을 마치고 믿음을 지켰으니 이제 후로는

나를 위하여 의인 면류관이 예비되었으므로 주 곧 의로우신 재판장이 그 날에 내게 주실 것이며 내게만 아니라 주의 나타나심을 사모하는 모든 자에게도니라

_디모데후서 4:7~8

하나님 앞에서 당당한 신앙생활을 하시기 바랍니다. 그럼으로써 여러분의 모든 현장에서 Field Changer가 되어 가정, 직장, 사업장, 교회에서 영적 지각변동을 일으키게 되시기를 주님의 이름으로 축원합니다.

여호와는 나의 목자시니
내게 부족함이 없으리로다
-시편 23:1

3

성경적 물질관

¹⁹너희를 위하여 보물을 땅에 쌓아 두지 말라
거기는 좀과 동록이 해하며 도둑이 구멍을 뚫고
도둑질하느니라 ²⁰오직 너희를 위하여 보물을 하늘에
쌓아 두라 거기는 좀이나 동록이 해하지 못하며 도둑이
구멍을 뚫지도 못하고 도둑질도 못하느니라 ²¹네 보물 있는
그 곳에는 네 마음도 있느니라 ²²눈은 몸의 등불이니 그러므로
네 눈이 성하면 온 몸이 밝을 것이요 ²³눈이 나쁘면 온 몸이
어두울 것이니 그러므로 네게 있는 빛이 어두우면 그 어둠이
얼마나 더하겠느냐 ²⁴한 사람이 두 주인을 섬기지 못할
것이니 혹 이를 미워하고 저를 사랑하거나 혹 이를 중히
여기고 저를 경히 여김이라 너희가
하나님과 재물을 겸하여 섬기지 못하느니라

마태복음 6:19~24

106

물질을 다스리는 삶

물질, 재물, 돈이라는 것은 우리 생활과 가장 밀접하게 관련되어 있습니다. 이 물질에 대해 우리가 어떤 시각을 갖느냐에 따라 물질을 다스리는 삶을 사느냐 아니면 노예처럼 사로잡힌 삶을 사느냐가 결정됩니다. 우리나라 속담에 "돈이 없으면 적막강산이요, 돈이 있으면 금수강산이다."라는 말이 있습니다. 사람들 대부분이 돈에 의해 일희일비하는 삶을 산다는 것입니다. 돈이 없으면 앞길이 꽉 막힌 것 같이 불안하고 좌절 속에 빠집니다. 하지만 돈이 있으면 비단에 수를 놓은 듯이 모든 것이 아름답고 확 트인 것 같은 삶을 살아갈 것이라 여깁니다. 그래서 물질만능주의라는 말이 현대사회를 지배하고 있는 것입니다.

하지만 우리는 이런 세상적 관점의 물질관에서 벗어나고, 창세기 6장 물질 중심의 삶이라는 옛 틀을 과감히 깨야 합니다. 이 책을 읽는 여러분 모두가 분명한 성경적 물질관을 확립해서 복음 경제가 회복되는 증거가 있기를 주님의 이름으로 축복합니다.

하늘에 쌓는 지혜 인생

너희를 위하여 보물을 땅에 쌓아 두지 말라 거기는 좀과 동록이 해하며 도둑이 구멍을 뚫고 도둑질하느니라 오직 너희를 위하여 보물을 하늘에 쌓아 두라 거기는 좀이나 동록이 해하지 못하며 도둑이 구멍을 뚫지도 못하고 도둑질도 못하느니라

_마태복음 6:19~20

"너희를 위하여 보물을 땅에 쌓아 두지 말라", "오직 너희를 위하여 보물을 하늘에 쌓아 두라"라는 이 말씀은 예수님께서 강조하시는 성경적 물질관의 핵심입니다. 여기서 말하는 보물이 무엇입니까? 단순히 물질이나 돈만을 의미하는 것이 아니라 돈을 포함해서 자신이 가장 소중하게 생각하는 것입니다. 내 생의 목적으로 삼는 것 다시 말해 내 가치관의 기준이 되고 내 성공과 실패의 잣대가 되는 것을 보물이라고 할 수 있습니다. 어떤 사람은 부와 명예가 보물이 되고 또 어떤 사람은 권력과 지식이, 또 어떤 사람은 지식이나 건강이 보물이 될 수 있습니다. 중요한 것은 이렇게 각자가 보물로 여기는 것을 가지고 무엇을 위해 쓰느냐는 것입니다.

 예수님께서는 너희가 생각하는 그 보물을 땅에 쌓아두지 말고 하늘에 쌓아두라고 말씀하셨습니다. 한마디로 하나님의 영광을 위해서 사용하라는 것입니다. 이것이 결국 너희 자신을 위한 것이라고 밝히셨습니다. 왜 보물을 땅에 쌓아두어서는 안 되는 것입니까? 예수님께서는 이 땅의 창고는 좀

과 동록이 해하며 도둑이 구멍을 뚫고 도둑질을 한다고 말씀하셨습니다. 좀먹는다는 것은 옷이 못입게 됐다는 걸 뜻합니다. 옛날에는 의복이 아주 소중한 것이었기 때문에 이런 표현을 사용하셨습니다. 또 동록은 구리 동전에 생기는 녹을 말하며, 이 말은 시간이 지나면서 변질된다는 것을 의미합니다. 그리고 도둑이 도둑질한다는 것은 물질이 없어진다는 것을 나타냅니다. 다시 말해서 지금 내가 그것을 쥐고 있어도 결국 무의미해진다는 것입니다. 물질은 아주 순간적인 것에 불과합니다. 그래서 예수님께서 보물은 하늘에 쌓아두어야 한다고 강조하신 것입니다.

 하늘 창고는 좀이나 동록이 해하지 못하고, 도둑이 구멍을 뚫지도 못하고, 도둑질도 못 하는 곳입니다. 하늘 창고에 쌓아두라는 말은 내가 가진 것을 내 마음대로, 내 육신의 유익만을 위해 사용하는 것이 아니라 하나님의 뜻대로 쓰라는 것입니다. 그것도 즉시로 사용하라는 의미가 담겨 있습니다. 좀과 동록은 쌓아두기만 하고 사용하지 않기 때문에 생기는 것입니다. 여러분의 옷장에도 안 입은 채로 낡아가는 옷들이 있을 것입니다. 또 여러분이 큰맘 먹고 장만했던 전자 제품도 사용하지 않고 그대로 놔두면 녹이 슬어서 사용하지 못하게 됩니다. 예수님께서 좀이나 동록에 대해 말씀하신 이유가 어디에 있습니까? 여러분이 지금 가지고 있는 물질, 여러분이 가지고 있는 재능을 하나님의 영광을 위하여 즉시 사용하라는 것입니다. 그것이 하늘에 보물을 쌓는 것입니다. 우리가 언제까지 건강할 수 있을지, 언제까지 지금 가지고 있는 물질을 소유하고 있을지 알 수 없습니다. 언제 어떻게 될지 모르는 것이 인생이기에 지금 즉시로 사용하는 것이 중요합니다.

 하나님께서 여러분에게 보물로 주신 것을 가지고 복음을 위해서, 하나님 나라를 위해서 지금 쓰시기 바랍니다. 꼭 물질만이 아니라 시간으로, 몸으로 가진 달란트로 헌신하는 것이 전부 다 하늘 창고에 보물을 쌓아두는 것입니다. 이런 여러분의 헌신이 어떻게 이어지겠습니까? 궁극적으로는 창세기 3장의 불신영혼들을 살리는 것으로 이어지게 되어 있습니다. 세상의 불신자들은 지금 자신들의 영적 상태와 운명이 어떠한지 전혀 알지도 못한 채 무너질 바벨탑만 쌓고 있습니다. 돈이 최고인 줄 알고 돈을 버는 데만 혈안이 되어 있습니다. 명예와 권력이 최고인 줄 알고 거기에 생을 겁니다. 그러나 이런 것이 영원한 생명을 주는 것이 아닙니다. 전부 다 창세기 3장, 6장, 11장에 갇혀 있는 것입니다. 이런 사탄이 주는 옛 틀을 깨고 그리스도로 새 틀을 갖출 수 있도록 우리가 생명의 복음, 영적 진리를 반드시 전해주어야 합니다. 교회라는 공동체를 하나님께서 친히 만드셔서 함께 사역하게 만드신 이유도 여기에 있습니다.

 여러분이 각양각처에서 하나님 나라를 위해 헌신한 모든 것을 하나님께서는 결코 헛되이 받으시는 법이 없습니다. 그래서 본문에서 '너희를 위하여'라는 말을 예수님께서 반복해서 강조하신 것입니다. 사도 바울은 다음 성경 말씀에서 이렇게 강조했습니다.

네가 이 세대에서 부한 자들을 명하여 마음을 높이지 말고 정함이 없는 재물에 소망을 두지 말고 오직 우리에게 모든 것을 후히 주사 누리게 하시는 하나님께 두며 선을 행하고 선한 사업을 많이 하고 나누어 주기를 좋아하며 너그러운 자가 되게 하라 이것이 장래에 자기를 위하여 좋은 터를 쌓아 참된 생명을 취하는 것이니라 _디모데전서 6:17~19

하나님께서는 우리에게 모든 것을 후히 주사 누리게 하시는 분이십니다. 그런 하나님에 대한 절대 믿음을 가지고 하나님의 선한 사업, 다시 말해서 생명 살리는 복음 사업에 생을 걸 때 그것이 결국 우리 자신을 위한 것으로 돌아오며, 장래에 우리를 위하여 좋은 터를 닦는 것입니다. 여러분 모두가 하나님의 일을 하는 것에 생명을 거는 것이 결국 여러분 자신을, 여러분 후대를 위한 것임을 분명히 붙잡으시고 영원한 하늘 창고에 보물을 쌓는 참 지혜 인생 되시기를 주님의 이름으로 축복합니다.

하나님이 주인 된 인생

네 보물 있는 그 곳에는 네 마음도 있느니라 눈은 몸의 등불이니 그러므로 네 눈이 성하면 온 몸이 밝을 것이요 눈이 나쁘면 온 몸이 어두울 것이니 그러므로 네게 있는 빛이 어두우면 그 어둠이 얼마나 더하겠느냐 한 사람이 두 주인을 섬기지 못할 것이니 혹 이를 미워하고 저를 사랑하거나 혹 이를 중히 여기고 저를 경히 여기리라 너희가 하나님과 재물을 겸하여 섬기지 못하느니라 _마태복음 6:21~24

예수님께서는 인간이 최고 가치를 두고 있는 것을 보물로 말씀하셨는데, 그 보물이 있는 곳에는 당연히 그 마음이 있게 되어 있다는 것입니다. 예수님께서 처음에는 보물이라고 포괄적으로 말씀하시다가 24절에는 그것이 바로 재물이라고 구체화하셨습니다. 여기서 '재물'은 헬라어로 '마모나스', 영어로 '맘몬'이라고 하는데, '돈이 신이 되어 인간을 지배한다'는 의미입니다. 인간이 돈을 볼 때마다 갖고 싶고, 쌓고 싶고, 기대고 싶은 심정이 있다는 것을 예수님께서 말씀하신 것입니다. 이런 돈에 대한 인간의 욕망이 얼마나 강한지, "흐르는 돈은 인간 내면의 저수지에서 결코 넘치는 일이 없다."라는 말이 있기도 합니다. 돈에 대한 욕망이 얼마나 강한지 아무리 끌어모아도 차지 않는다는 것입니다. 그래서 결국 돈이 숭배의 대상이 되고 맙니다.

마태복음 6:22~23에 보면 이 사실을 예수님께서 눈의 비유를 들어 설명해 주셨습니다. 눈에는 좋고 성한 눈이 있고, 나쁘고 상한 눈이 있습니다. 몸의 일부분인 눈의 역할은 몸을 올바른 곳으로 갈 수 있도록 인도하는 것입니다. 이처럼 눈은 인간의 삶을 인도하는 인생관, 가치관이라고 할 수 있습니다. 이 인생관이 성하고 바람직한 상태로 있으면 그 삶은 값진 것이 되지만, 상한 상태가 되어버리면 그 삶은 무가치한 것이 되는 것입니다. 예수님께서는 이 말씀을 통해 우리 인생을 상한 상태가 되어버리게 하는 통로가 있는데 바로 돈이라고 말씀하셨습니다. 그렇게 멀쩡하던 눈이 갑자기 어두워지는데, 바로 돈을 보면 돈에 눈이 어두워져 완전히 사로잡힌다는 것입니다. 하나님을 향해 변치 않는 눈을 가지고 있어야 하는데 영혼의 눈이 어두워져 하나님과 돈을 혼동하는 것입니다.

예수님께서는 이런 현실 속에서 한 가지 결단을 촉구하셨습니다.

너희가 하나님과 재물을 겸하여 섬기지 못하느니라 _마태복음 6:24

무슨 말입니까? 둘 중의 하나를 택하라는 것입니다. 인생의 목적이 영적 시각을 가지고 있느냐 아니면 물질주의적 시각을 갖고 있느냐에 따라 그 삶이 좌지우지됩니다. 사실 탐심으로 재물을 대하게 되면 재물은 사람의 숭배를 받는 존재가 됩니다. 그래서 사도 바울도 다음 성경 말씀에 이 사실을 밝히고 있습니다.

돈을 사랑함이 일만 악의 뿌리가 되나니 이것을 탐내는 자들은 미혹을 받아 믿음에서 떠나 많은 근심으로써 자기를 찔렀도다 _디모데전서 6:10

돈이 얼마나 큰 유혹 거리이며 신앙생활의 걸림돌이 되는지를 밝히는 말씀입니다. 그러니 사탄이 돈을 가지고 성도를 교묘하게 유혹을 하고 시험에 빠지게 하는 것입니다. 여러분은 이런 사탄의 속임수에 절대 속지 말고 하늘 창고에다가 보물을 쌓는 지혜로운 인생, 하나님이 인생의 참 주인 되심을 고백하는 삶을 사시기 바랍니다.

이렇게 하나님을 주인으로 섬기는 사람의 가장 큰 특징은 올바른 헌금 생활을 한다는 것입니다. 무엇보다도 십일조 생활을 기본적으로 해야 합니다. 십일조는 단순히 소득의 십 분의 일을 하나님께 드린다는 의미가 아닙니다. 내가 가지고 있는 물질의 주인이 하나님이심을 고백하는 것입니다. 또 나는 그 물질을 잠시 관리하는 청지기이며, 그 물질을 하나님의 나라를 위해 온전히 사용하겠다는 결단의 표현입니다. 이런 십일조가 헌금 생활의 중심축이 되어져서 십일조가 바르게 되면, 다른 헌금은 말하지 않아도 자연스럽게 드려지는 것입니다.

 한국교회의 초기 시절 황해도 재령에 동부교회가 있었습니다. 그 교회의 정찬유 장로는 원래 학교 앞에서 작은 문구점을 운영하며 어렵게 살았습니다. 가난하게 살다 보니 하나님께 드려야 할 십일조도 드리지 못했는데, 하루는 하나님의 말씀을 묵상하다가 이런 생각이 들었습니다.

'그래 내가 하나님께 마땅히 드려야 할 십일조를 떼먹고 드리지 않는다고 해서 내 형편이 더 나아질 것도 아니다. 어렵더라도 하나님께 십일조를 드리고 배가 고픈 것이 더 낫지 않겠는가!'

 그래서 굶어 죽을 각오로 십일조를 했는데 오히려 그의 삶이 윤택해지기 시작했고 새로운 사업을 시작하게 되었습니다. 건축자재상회를 열었는데 당시 집을 새롭게 고치려는 건축 붐이 일어나서 소위 떼돈을 벌게 된 것입니다. 어느 날 자신이 사는 집이 너무 초라해서 새로 지어야겠다는 생각에 건축 자재를 가득 쌓아놓았는데, 갑자기 교회 생각이 났습니다. 허름한 교회를 먼저 고치지 않고는 자신의 집을 고치지 않겠다는 생각을 하고 당시 3만 환(현재 20억 원 정도)을 헌금했습니다. 그리고 전도사 한 사람을 일본에 보내어 교회 건축 양식을 공부해 오도록 했고, 아름답게 교회 건축을 해서 하나님께 드렸습니다.

하나님은 중심을 보시는 분이십니다. 여러분이 하나님의 것을 가장 소중히 여기고 하나님께 드린다는 중심이 있을 때 하나님께서 여러분의 경제의 문도 열어주시는 것입니다. 올바른 성경적 헌금 생활을 통해 여러분 모두가 생업 현장에 빛의 경제 회복의 역사가 일어나게 되기를 주님의 이름으로 축복합니다.

성경적 물질관의 소유자

미국 시카고에 있는 무디신학교 총장을 지낸 조지 스위팅 박사가 이런 고백을 했습니다.

"우리가 죽을 때 스스로에게 물어야 할 가장 중요한 질문은 '얼마를 벌었는가?'가 아니라 '하나님의 나라를 위해 얼마를 드렸는가?'가 될 것이다."

여러분, 본질적으로 물질은 내 것이 아니라 하나님께서 잠시 내게 맡겨주신 것입니다. 그러므로 하나님이 맡겨주신 것을 하나님 나라 확장을 위해, 하나님의 영광을 위해, 교회 부흥을 위해 아낌없이 사용하시기 바랍니다. 비단 물질만이 아닙니다. 여러분이 가지고 있는 재능을 복음 전파를 위해 집중하시기 바랍니다. 이를 통해 마가복음 10:30의 말씀처럼 이 땅에서 백배의 축복을 맛보며 내세에 영생을 얻는 성경적 물질관의 소유자가 다 되시길 주님의 이름으로 축원합니다.

염려아웃!
WORRIES OUT

초판 1쇄 2020년 10월 5일
초판 2쇄 2020년 11월 15일
지은이 정은주
펴낸이 지무룡
펴낸곳 가스펠북스
기획 배성원
디자인 YEDIxDALGROO
출판등록 109-91-93560
주소 서울시 강서구 화곡로 63길 65, 101호
전화 02-2657-9724
팩스 02-2657-9719
홈페이지 www.iyewon.org
값 10,000원

ISBN 979-11-950706-8-8 (03230)

이 도서의 국립중앙도서관 출판예정도서목록(CIP)은 서지정보유통지원시스템 홈페이지(http://seoji.nl.go.kr)와
국가자료종합목록 구축시스템(http://kolis-net.nl.go.kr)에서 이용하실 수 있습니다.
(CIP제어번호 : CIP2020039095) *잘못 만들어진 책은 구입처에서 교환해드립니다.

너희 염려를 다 주께 맡기라 이는 그가 너희를 돌보심이라

_베드로전서 5:7

가스펠북스